KB082441

이명학 교수의

# 어른이 되어
# 처음 만나는 한자

이명학 교수의
어른이 되어 처음 만나는 한자

1판 1쇄 발행 | 2020. 10. 27.
1판 6쇄 발행 | 2024. 5. 10.

지은이 이명학

발행처 김영사 | 발행인 박강휘
디자인 윤소라
등록번호 제 406-2003-036호 | 등록일자 1979. 5. 17.
주소 경기도 파주시 문발로 197 (우-10881)
전화 마케팅부 031-955-3100 | 편집부 031-955-3113~20 | 팩스 031-955-3111

값은 표지에 있습니다.
ISBN 978-89-349-9323-0 03700

좋은 독자가 좋은 책을 만듭니다. 김영사는 독자 여러분의 의견에 항상 귀 기울이고 있습니다.
전자우편 book@gimmyoung.com | 홈페이지 www.gimmyoungjr.com

이 도서의 국립중앙도서관 출판시도서목록(CIP)은 서지정보유통지원시스템
홈페이지(http://seoji.nl.go.kr)와 국가자료공동목록시스템(http://www.nl.go.kr/kolisnet)에서
이용하실 수 있습니다. (CIP제어번호 : CIP202042497)

이명학 교수의

어른이 되어 처음 만나는 한자

이명학 지음

김영사

**일러두기**

1. 단행본 및 잡지에는 겹화살괄호(《 》)를, 단편·한시·강연·텔레비전 프로그램·노래에는 홑화살괄호(〈 〉)를 사용했다.
2. 외국 인명·지명 및 외래어는 국립국어원의 외래어표기법을 따르되, 관례가 굳어서 쓰이는 것들은 관례를 따랐다.
3. 한자어에 한자가 병기되면 본문과 색을 다르게 구분했고, 한글 풀이에 이어지는 한자는 큰괄호([ ])를 사용하여 소개했다.

# 한자를 통해,
# 나의 언어를 다시 돌봅니다

일상생활에서 한자어가 차지하는 비중은 매우 높습니다. 우리가 사용하는 어휘는 대부분 한자어입니다. 부정하고 싶어도 부정할 수 없는 엄연한 현실입니다. 그런데 한글만으로 언어와 문자 생활이 가능하다고 주장하는 사람들이 있습니다. 물론 한자 한 글자 몰라도 살아가는 데 아무런 불편함은 없지요. 한글은 표기 수단으로 세계 최고의 문자임이 분명하니까요.

그러나 사물의 이치와 개념을 터득하고 깊이 있는 사유를 하려면 한글만으로는 불가능합니다. 지식이 확장될수록 한자의 필요성은 더욱 커지기 마련입니다. 또한 우리는 오랜 세월 한자문화권에서 지내왔습니다. 우리 문화의 대부분은 한자문화권 국가와의 교류를 통해 이루어진 것이지요. 수많은 어휘가 한자이며, 남아 있는 문헌 자료가 대부분 한문인 것도 당연한 결과입니다. 따라서 한자 학습은 우리 언어와 문화를 이해하고, 나아가 선조들이 생활하면서 느낀 감정과 가치관을 탐구하는 기본 전제입니다. 서구 문화를 깊이 이해하기 위해 서구인들이 중세 시대에 사용했던 라틴어를 공부하는 것도 그런 이유에서입니다.

우리는 현재 한자어 어휘를 한글로 적고 익힙니다. 한자를 통해 한자어의 뜻을 익히는 것이 아니라 한글로 적고 사전적인 뜻을 외웁니다. 그러니 어휘의 정확한 의미를 알지 못하고 문맥 속에서 대강의 뜻으로 파악합니다. 이렇게 익힌 어휘로 '말하기와 글쓰기'를 한다면 엉뚱한 내용으로 바뀌고 맙니다.

소통은 정확한 의미의 전달입니다. 그런데 자신이 알고 있는 대강의 뜻으로 소통을 하면 자신이 생각하는 바를 정확하게 전달할 수 없을 겁니다. 문제의 심각성은 여기에 있습니다. 한자어를 한자를 통해 익히는 것이 더디고 비효율적인 것 같지만 어휘의 정확한 뜻과 개념을 익히는 가장 좋은 방법입니다.

한자를 배운 세대나 배우지 않은 세대 모두 한자를 통한 뜻풀이를 들으면 놀라기도 합니다. 한자를 배운 세대는 자신이 알고 있었던 것과 다른 뜻이라는 사실에 놀라고, 한자를 배우지 않은 세대는 그런 뜻의 어휘가 있다는 것을 신기해합니다.

저는 오랜 세월 '한자 교육의 필요성'에 대해 여러 채널을 통해 누누이 강조해왔습니다. 그 과정에서 한자 교육이 제대로 이루어지지 못한 원인도 찾을 수 있었습니다. 그래서 정년 뒤여유를 갖고 흥미 있게 한자를 공부할 수 있는 글을 쓰려고 하였습니다. 하지만 계획은 코로나19로 앞당겨지게 되었습니다. 코로나19는 일상생활의 패턴을 완전히 바꾸어놓았습니다. 가급적 외출을 하지 않으니 시간의 여유가 생겼고, 이참에 정년 후에 하려던 글쓰기를 시작했습니다.

일반적으로 많이 쓰는 한자어를 중심으로 그 속뜻을 풀이하고 주변 이야기를 덧붙여서 작은 칼럼을 썼습니다. 주변 지인들에게 보내주었는데 의외의 반응이 전해져왔습니다. 대부분 한자를 배운 세대였지만 그런 의미인 줄 몰랐다고 하거나, '수박 겉핥기'로 대충 알고 있었다고도 했습니다. 또 주변 이야기를 함께 읽는 '새로운 한자 공부'를 무척 흥미로워했습니다.

한자에 익숙하지 않은 사람이 한자어를 한자로 익히면 사실 좀 버겁기도 하고 기억이 오래가지 않습니다. 그래서 한자어 주변 여러 이야기를 곁들여 썼습니다. 한자 공부의 새로운 시도인데, 이런저런 이야기를 읽다 보면 한자어의 깊은 속내를 자연스럽게 알게 되고 오래도록 기억에 남을 것이라 생각합니다. 한번 각인된 지식은 쉬 없어지지 않으니까요.

카뮈의 소설 《페스트》에 나오는 시청 공무원 '그랑'의 말이 인상적입니다. 라틴어를 다시 공부하면서 "불어 단어의 뜻을 좀 더 똑똑히 알려면 라틴어를 하는 게 유익하다는 말을 들었거든요"라고 말합니다. 한자어가 우리말의 70퍼센트 이상인 우리라고 다를 게 있을까요?

한자는 우리의 문자가 없던 시절 그 공백을 메워주었을 뿐만 아니라, 우리 민족의 언어생활을 원활하게 한 '모양이 다른, 또 다른 우리 문자'라고 생각합니다. '한글'과 '한자'가 수

레의 두 바퀴처럼 균형을 이루며 조화롭게 발전해나갈 때 우리의 언어생활은 더욱 풍요로워질 거라고 생각합니다. 한자 공부의 목적은 유식함을 자랑하기 위함이 아니라 우리말을 정확하게 하고, 우리글을 바르게 쓰기 위해서입니다.

한 가지 바람은 이 책을 읽고 난 후 여러분의 한자에 대한 흥미와 관심이 증폭되는 것입니다. 아울러 조금씩 알아가는 작은 기쁨이 커다란 지식의 확장으로 이어지기를 기대합니다. 언제나 시작은 미미한 데서 움트기 마련이겠지요.

2020년 가을, 이명학

# 차례

서문 한자를 통해, 나의 언어를 다시 돌봅니다     5

## 1장 반전의 한자어

오늘 기온은 섭씨 25도입니다     • 18

이 비누는 세정 효과가 뛰어납니다     • 20

내 양말 못 봤어요?     • 24

볼펜 안에 용수철이 있어요     • 26

그 녀석, 알고 보니 깡패야     • 29

다음 주부터 한파가 밀려올 거래요     • 33

배려를 잘하고 속이 깊은 친구예요     • 36

마음속 갈등이 깊어지면 병이 됩니다     • 40

소위 배웠다는 자가 그런 막말을 하다니     • 43

부득이 이사를 가야 했어요     • 46

오후에 은행 좀 다녀올게요     • 49

푸른 언덕에 배낭을 메고     • 52

구명 동의는 좌석 아래 있습니다     • 56

바이러스가 창궐하고 있습니다     • 58

구라파 쪽으로 여행을 다녀왔습니다     • 62

## 2장 오해의 한자어

내일 회사에 **사직서**를 낼 겁니다 • 68

안 돼요, **낙장불입**입니다 • 71

저랑 **막역한** 사이예요 • 73

저 **불한당** 같은 녀석 • 76

**사이비** 종교는 사회악이라고 생각합니다 • 78

**향년** 90세로 세상을 떠나셨습니다 • 82

바퀴벌레가 나타나서 **식겁**했어요 • 85

마침내 바라고 바라던 **옥동자**가 태어났습니다 • 88

국가대표 선수들이 **무개차**를 타고 퍼레이드를 하네요 • 91

**이인삼각** 경기를 하겠습니다 • 94

**염치불고**하고 부탁 좀 할게 • 96

우리는 **의형제**를 맺기로 했습니다 • 99

오늘은 특별한 날이니 **만찬**을 즐겨요 • 104

조선왕조실록에 UFO가 **출현**한 기록이 있어요 • 106

왜 미국을 **米國**이라 부르나요? • 110

# 3장 발견의 한자어

도수 치료를 받으시는 것이 좋겠습니다 • 118

정말 불후의 명곡이라니까요 • 120

대각선 횡단보도를 늘리면 좋겠어요 • 123

기후와 환경에 대해 생각할 때입니다 • 126

역사에 길이 남을 금자탑을 쌓았습니다 • 130

자연의 아름다움을 노래한 작품이 많아요 • 133

장족의 발전을 이루었구나 • 136

그야말로 초미의 관심사입니다 • 139

갈변된 바나나는 오히려 건강에 이롭다니까 • 142

기저질환으로 병세가 급속히 나빠졌어요 • 145

아직은 미음을 먹어야 한대요 • 147

그럴 겨를 없어요, 지금 나도 오비삼척인걸요 • 149

장충동에 족발집 원조가 많더라고 • 153

여기서부터 염수분사구간입니다 • 156

밤거리가 불야성을 이루고 있어요 • 160

하로동선은 낙선한 국회의원들이 만든 음식점입니다 • 163

## 4장 관계의 한자어

그는 나와 **이심전심** 통하는 사이라서요 • 170

그들 부부는 **금슬**이 참 좋더군요 • 174

내년 5월에 **백년가약**을 맺을 거예요 • 178

**천재일우**의 기회를 놓쳤습니다 • 180

잘 알지도 못하면서 **부화뇌동**하지 마 • 185

결국 조직이 **와해**되었습니다 • 190

자, 툭 터놓고 **고충**을 말해봐요 • 193

괜히 남들과 **척**지지 맙시다 • 197

그 사람의 **방약무인**한 태도에 화가 났어요 • 201

**과유불급**이라는 말도 있는데, 너무 무리 말아요 • 205

회장님은 신년사에서 '**송무백열**'을 강조하셨습니다 • 209

그 사건 수사는 **유야무야** 끝나고 말았습니다 • 214

그는 **슬하**에 딸 둘을 두었습니다 • 217

**과부하**에 걸릴 지경이에요 • 221

## 5장 공감의 한자어

국민의 **여망**에 부응해야겠지요 • 226

**백두산** 정상에서 바라보니 참으로 장엄했습니다 • 229

직접 보자, **백문불여일견**이라잖아 • 232

그분은 우리 민족의 **사표**예요 • 236

'**학위인사**'는 스승의 기본 덕목입니다 • 241

부디 **고진선처** 바랍니다 • 247

**칠전팔기**의 끈질긴 도전 정신을 발휘했어요 • 250

대홍수에 대비하여 노아에게 **방주**를 만들게 했어요 • 254

전격적으로 장관을 **경질**했습니다 • 257

각 당은 **부동표** 공략을 위한 전략을 세우고 있어요 • 259

대체 성적이 **가**가 뭐니? • 263

자진 신고하면 처벌을 **유예**하겠습니다 • 267

그는 **경전**을 쉽게 이해할 수 있도록 번역했어요 • 272

**선행**을 베풀면 복을 받는다고 하잖아요 • 275

그분의 명예를 **훼손**해서야 되겠습니까? • 279

그 이야기는 많은 사람의 **공감**을 불러일으켰어요 • 283

참고 책을 마치며, 다시 만나보는 한자 290

한자어가 다 '메이드 인 차이나'는 아니라고요?
한자어라고 모두 중국에서 만든 것이 아니고
우리가 만든 것도 있습니다.

# 1장 반전의 한자어

# 오늘 기온은 **섭씨** 25도입니다

당길 **섭攝** 성 **씨氏**

섭씨는 섭씨온도계 눈금의 명칭입니다. 물의 끓는점과
물의 어는점을 온도의 표준으로 정하여, 그 사이를 100등분
한 온도눈금이지요. 1742년 스웨덴 학자 셀시우스(Celsius)가
고안했는데, 바로 이분 셀시우스의 한자 이름이 섭이수攝
爾修입니다. 셀시우스와 발음이 비슷한 한자로 이름을 표
기한 것이지요. 그래서 '섭이수 씨氏'가 만든 눈금이라고 하
여 섭씨라 부르게 되었고 '℃'로 표시합니다.

영어권의 여러 나라에서 널리 쓰이는 온도 단위 화씨華
氏도 마찬가지입니다. 독일 학자 파렌하이트(Fahrenheit)가 고

안한 것인데 파렌하이트의 한자 이름이 화륜해華倫海입니다. 그 성을 따서 화씨라 부르게 되었고 '℉'로 표시하는 것이지요.

섭씨온도와 화씨온도가 사람의 성을 따서 만든 온도 단위라니, 과학이 조금 더 친숙하게 느껴지나요? 이참에 우리도 '이씨' '김씨' '박씨' 온도를 만들어볼까요? 사람들이 열 받을 때마다 재는 온도계를 만들어 '이씨李氏 ◯도'라 하고, '℃L'로 표시한다면 어떨까요? 세상에 열 받을 일이 끊이질 않으니 의외로 잘 팔릴 듯하다는 생각도 드는군요.

# 이 비누는 세정 효과가 뛰어납니다

## 씻을 세洗 깨끗할 정淨

세정은 '깨끗하게 씻음'을 뜻합니다. 먼저, 세洗는 '씻다'라는 뜻입니다. 세수洗手는 '손을 씻다'지만 그보다 '얼굴을 씻다'로 더 많이 씁니다. 손을 씻을 때 "손을 씻어라" 하지 "세수하라"고 하지 않습니다. 원래의 뜻이 없어진 겁니다.

최근 들어서는 세안洗顔이라고도 많이 씁니다. 세면洗面도 같은 뜻입니다. 차도 더러워지면 세차洗車를 하지요.

서울 신영동에 가면 길가에 세검정洗劍亭이 보입니다. 인조반정 때 광해군을 폐위시킨 반정反正 인사들이 이곳에서 반정을 모의하며 '칼을 씻었다'고 해서 이렇게 이름 지었다고 합니다. 또한 우리나라 곳곳에 세심정洗心亭이라는 정자가 많습니다. 이곳에 앉아 마음을 가다듬으며 탐욕스러운 마음을 씻어보자고 이름을 지은 건데 정자에서 내려오면, 또 속세지요.

또 다른 단어를 살펴보도록 하겠습니다. 세뇌洗腦라는 말 많이 쓰지요? 아마도 '끔찍한 한자어' 상위권에 드는 단어가 아닐까 싶습니다. 말 그대로 '뇌를 씻는다'는 뜻입니다. 강제적으로 새로운 사상思想과 주의主義를 주입하여 그 사람의 본디 생각을 근본적으로 바꾸는 것입니다. 사상개조(thought reform), 정신살해(menticide), 사상통제(thought control), 이런 단어들처럼 말입니다.

'세뇌'는 한국전쟁 때 중국 인민해방군에게 포로가 된 미국 사병이 공산주의 사상을 주입받고 귀국 후 공산주의를 지지하는 언행을 하자 에드워드 헌터라는 기자가 'brain wash'라고 쓴 기사에서 유래했습니다. 즉 한 사람의 정신을 'delete' 한 후 'reset' 한 것입니다.

북한에서 행해지는 우상화를 통한 주입식 세뇌 교육이 얼마나 무서운지 가까이서 보고 있습니다. 아주 어려서부터 주입했으니 세뇌 아닌가요? 씻어낼 것이 있어야 세뇌인데…… 하얀 도화지에 멋대로 물감을 뿌린 거나 다를 바 없겠지요.

다음으로 정淨을 알아보겠습니다. 정은 말 그대로 '깨끗함'입니다. 정화淨化, 자정自淨, 청정淸淨 등의 단어에도 쓰이지요. 집마다 있는 정수기淨水器도 '물을 깨끗이 하는 기기'입니다.

'부정행위'의 '정'도 같은 의미일까요? 부정행위의 '부정'은 '不正'이라고 씁니다. 바르지 않은 행위이기 때문입니다. 하루에도 수없는 사건 사고가 일어나는 요즘이지요. 뉴스를 보다 보면, 누군가 번득이는 아이디어로 '정심기淨心器', 즉 마음을 깨끗이 하는 기기를 만들었으면 좋겠다는 생각을 해봅니다. 그럼 다들 욕심이 없으니…… 사는 재미가 없을까요? 그래도 지금보다야 낫지 않을까 싶습니다.

공자는 나무 인형을 만들어 사람 대신 순장殉葬하는 것을 비인간적인 행위라 여기고 "처음 나무 인형을 만든 자는 그 후손이 없을 것이다始作俑者, 其無後乎"라고 저주하는 말씀을 하셨습니다.

"Was he not without posterity who first made wooden images to bury with the dead?" – James Legge

이는 영국 선교사 제임스 레그(James Legge: 1815~1897)의 영역英譯입니다. 그는 1861년부터 25년간 유교의 주요 경전을 영역 출간했는데요, 지금도 가장 충실한 번역으로 인정받고 있습니다. 책에서 경전의 글을 소개하면서 제임스 레그의 영문도 같이 다루겠습니다.

요즈음 코로나19로 공포를 느낄 정도로 상황이 심각하지요. 그런데 많은 사람이 고통스러워하는 틈을 타서 마스크와 세정제를 매점매석하여 자기 배를 채우려는 자들이 득실거립니다. 만약 공자께서 이들을 보았다면 무어라 하셨을까요? 보나 마나 똑같은 말씀을 했을 것입니다.

2003년 사스가 한창일 때 북경 현장에 있었습니다. 겪어 보니, 무서운 것은 병病이 아니라, 사람들이 서로를 믿지 못하면서 사람 사이의 '신信'이 무너지는 것이었습니다.

# 내 **양말** 못 봤어요?

## 서양 **양洋** 버선 **말襪**

풀이를 보면 알 수 있듯 양말은 '서양 버선', 서양에서 들어온 버선이라는 뜻입니다. 보통 양洋은 서양에서 들어온 물건에 쓰는 한자입니다. 양주洋酒, 양복洋服, 양궁洋弓, 양옥洋屋, 양식洋食 등이 있지요.

양말은 우리가 만든 한자어입니다. 문헌상《하재일기》(1910.11.25.)에 처음 양말이 등장했습니다. '양말가십이냥洋襪價十二兩', 양말 값 열두 냥이라 했으니 당시 물가로는 상당히 비싼 가격입니다.

중국에서는 양말을 '말자襪子'라고 하고 일본에서는 '화하靴下'라고 씁니다. 양말은 그 출처[서양]와 기능[버선]을 모두 정확하게 담아낸 잘 만든 한자어입니다.

매일 양말을 신으면서도 그 정확한 의미를 몰랐던 분들이 꽤 많을 겁니다. 10년 전쯤 한 신문에 '양말이 무슨 뜻인지 아십니까'라는 제목의 칼럼을 썼는데 며칠 후 한 통의 편지를 받았습니다. 70대 어르신이 보낸 편지였는데요, "죽기 전에 양말의 뜻을 알게 해주어 고맙다"는 내용이었습니다. 놀랍기도 하고 감사하기도 했던 기억이 납니다. 한恨을 풀어드린 것 같기도 했고요.

양말이라는 단어를 쓰기 전에는 뭐라고 말했을까요? 아마 "내 서양 버선 못 봤소?"라고 물어보았을 겁니다.

# 볼펜 안에 용수철이 있어요

용 **龍龍** 수염 **水鬚** 쇠 **철鐵**

당기면 늘어났다가도 다시 제자리로 돌아오고, 누르면 줄어들었다가도 다시 제자리로 돌아오는 탄력이 있는 나선형의 쇠줄을 '용수철'이라고 합니다. 이는 우리가 만든 한자어로 중국과 일본에서는 쓰지 않습니다. 19세기 말 문헌에 '용수철 의자'라는 단어가 처음 등장하는 것으로 보아 서양 문물이 들어오면서 양말洋襪과 같은 과정을 거쳐 이름이 지어졌을 겁니다.

처음 이 물건을 접한 사람은 이리저리 살펴보면서 뭐라 이름을 지을지 골똘하게 생각했을 것 같습니다. 영어로는

'spring'인데 아직 영어가 생소한 사회에서 그대로 '스프링'이라고 부를 수는 없었을 겁니다. 그는 spring이 둥글게 말려 있는 것을 보고 불현듯 '용의 수염'을 떠올렸습니다. 용은 상상 속의 동물로, 실제로 본 사람은 없으나 그림 속 '용의 수염'은 동서양 모두 끝부분이 돌돌 말려 있습니다. 이 점에 착안하여 spring을 용의 수염처럼 생긴 쇠붙이, 즉 용수철이라 이름했습니다. 아이디어가 용수철처럼 통통 튀듯 발랄하지요?

동물의 특징을 관찰하여 사물 이름을 지은 경우를 두 가지 더 살펴보겠습니다. 한 번쯤 작설차雀舌茶를 마셔보았을 겁니다. 은은하고 구수한 향이 감도는 잎차입니다. 작설차는 '참새 작雀' '혀 설舌' '차 차茶'라는 뜻으로 당나라 때부터 썼다고 알려져 있습니다. 찻잎이 둥글고 갸름한 것이 참새의 혀를 닮았다고 지어진 단어입니다. 설마 참새 부리를 열어 젖혀보지는 않았겠지요. 관찰력이 뛰어나고 기발합니다. 조선 시대에는 명나라 사신이 귀국할 때 인삼과 작설차를 선물로 주었다니, 우리나라 작설차의 품질이 우수했던 것 같습니다.

작雀은 '작을 소小'와 '새 추隹'가 합쳐진 글자입니다. 작은 새, 즉 참새이지요. 참고로 집集은 '새 추隹'와 '나무 목木'이 합쳐진 글자로 나무 위에 새들이 앉아 있는 모양을 본뜬 것으로 '모이다'라는 뜻입니다.

구불구불 휜 상태로 흘러가는 하천을 뜻하는 말, 사행천 蛇行川도 소개하겠습니다. '뱀 사蛇' '갈 행行' '내 천川'으로 이루어진 이 단어는 뱀이 구불구불 기어가는 모양을 보고 이름을 지었다고 합니다. '뱀이 기어가는 모양처럼 흐르는 하천'이라는 것이지요.

동물의 모양과 특징을 잘 관찰해서 만든 선인들의 감각이 놀랍습니다. 요즘은 여러 동물 가운데 개의 인기가 단연 최고가 아닐까 싶습니다. 개무시, 개드립 등 '개'를 붙여 만든 낱말이 셀 수 없을 정도로 늘어나고 있습니다. 개가 뭔 큰 죄를 저질렀다고 저러는지 모르겠습니다. 주인을 구한 의견義犬도 있는데…… 개만 속 터지고 억울할 일입니다.

# 그 녀석, 알고 보니 깡패야

## gang + 무리 패牌

1945년 해방 이후 영어가 물밀듯 들어오면서 한자와 영어가 합쳐진 낱말이 우후죽순 생겨났습니다. 이 현상은 지금까지도 계속 이어지고 있고요. 깡패도 바로 그러한 단어입니다. 깡은 영어 gang(갱, 폭력 조직)을 우리 식으로 발음한 것입니다. 패牌는 문패門牌, 상패賞牌로도 쓰이지만 '무리'라는 뜻도 있습니다. 패를 가르다, 패거리, 패싸움이 그 예입니다. 즉, 깡패는 'gang 무리' 'gang 패거리'라는 의미입니다.

gang과 패가 합쳐진 갱패가 왜 깡패가 되었을까요? 개인적인 생각이지만 우리나라 사람들은 보통 'a'를 습관적으로

'아'로 발음합니다. 그러니 처음에는 '강패'라고 했을 텐데, 왠지 강패는 힘도 없고 눈도 착해 보이는 느낌이 든단 말이지요. 그래서 된소리 발음인 깡패라고 한 것이 아닌가 합니다. 깡패라고 하니 못되고 거칠어 보이기도 하고, 한마디로 '센 캐릭터' 같잖아요.

이와 비슷한 예로 '깡통'이 있습니다. 깡통도 영어 can과 한자어 통筒이 결합한 단어입니다. 깡패와 같이 칸통으로 불리다가 깡통으로 음이 바뀌었습니다.

요즘 깡패는 '외모와 능력이 출중한 것'을 비유적으로 일컫기도 합니다. 얼굴 깡패, 음색 깡패, 분위기 깡패, 어깨 깡패, 가격 깡패 등등 '감히 넘볼 수 없이 뛰어나다'는 의미로 쓰이고 있습니다. 깡패에게도 이런 세상이 오다니, 오래 버티고 볼 일이군요.

한자와 영어가 결합한 단어는 지금도 계속 만들어지고 있습니다. 예를 들어볼까요?

UN軍(유엔군), ski服(스키복), table褓(테이블보), seminar室(세미나실), 經營mind(경영마인드), all百(올백), 步道block(보도블록), mug盞(머그잔) 등의 단어는 이미 많이 익숙할 겁니다. 이 밖에도 요즘 많이 쓰는 단어들도 같이 살펴보겠습니다.

- 넷심: internet + 마음 심心
- 광클: 미칠 광狂 + click
- 사생팬: 사생私生(사생활) + fan
- 헬조선: hell + 조선朝鮮
- 컴맹: computer + 눈멀 맹盲
- 멘붕: mental + 무너질 붕崩
- 인증샷: 인증認證 + shot
- 악플: 나쁠 악惡 + reply

멘붕(men崩), 광클(狂cl)에 비하면 유엔군(UN軍)이나 스키복(ski服)은 '탑골 낱말'입니다. 코로나19로 '공스족' '산스족'이라는 신조어도 등장했습니다. 헬스장을 못 가니 공원이나 산으로 가서 운동하는 사람을 일컫습니다. 공스족은 '公園+health+族'이고 산스족은 '山+health+族'입니다.

이런 종류의 단어는 일상생활에서 나도 모르게 쓰기도 합니다. 고스톱 치다가 열 받아 외치던 열고[뜨거울 열熱 +

Go], 학창시절 한 번쯤 경험했던 월담[넘을 월越 + 담], 친구가 주유소에서 만땅[찰 만滿 + (일본식 발음)땅구tank]이라 외치면 부끄러웠는데, 그 말이 일어와 결합한 "탱크를 가득 채우라"는 고급 어휘였다니요.

요즘엔 '뇌피셜'이라는 신조어까지 등장했습니다. 뇌腦와 official의 합성어랍니다. 뇌와 공식 입장이 합쳐진 것으로 '공식적으로 검증된 사실이 아닌 개인적인 생각'을 뜻합니다. 제멋대로 생각하고 떠든다는 것이지요. 그런 경우도 있기야 하겠지만, 보아하니 주로 상대방의 이야기가 거북할 때 공격 수단으로 많이 쓰고 있더군요.

다들 자기 생각을 자유롭게 말할 수 있어야 합니다. 판단은 듣는 사람 몫이지요. 표현의 자유가 있는데 마음에 들지 않는다고 그때마다 뇌피셜이라고 비난할 건가요? "그건 네 생각이고……"를 곱게 분단장시킨 못된 말입니다. '내 생각'을 말하는 게 아니라 '네 생각'을 비난하는 게 주된 목적이라면, 쓰지 말아야 합니다.

# 다음 주부터 한파가 밀려올 거래요

## 찰 한寒 파도 파波

한파는 겨울철 기온이 갑자기 내려가 들이닥친 추위를 일컫는 말입니다. 그런데 한파는 동양에서 만든 한자어가 아닙니다. 모든 한자어를 한·중·일 세 나라에서 만들었다고 생각하겠지만 그렇지 않은 단어도 있습니다. 서양 문물이 들어오면서 영어 단어를 그대로 번역해서 쓰기도 했거든요. '번역으로 생긴 한자어'로 생각하면 이해가 좀 더 수월할 것 같습니다.

한파는 '찰 한寒' '파도 파波'라는 뜻으로 영어 단어 'cold wave'를 단순 번역한 단어입니다. 즉, 동양에서 개념을 생각하여 만든 단어가 아니라는 겁니다. 파波는 '물결, 파도'라는 뜻이므로 동사로 '밀려오다'와 '몰려오다'를 많이 씁니다.

이런 번역어는 또 있습니다.

동장군冬將軍이라는 말, 겨울에 자주 듣곤 하지요? '겨울 장군'이라는 뜻으로 혹독한 겨울 추위를 의인화하여 비유적으로 이르는 말입니다. 1812년 나폴레옹 1세가 러시아 원정을 갔다가 혹독한 겨울 추위로 패배한 것을 영국 언론에서 'General Frost' 때문이라고 일컬으며 시작된 말입니다. 이를 일본에서 동장군이라고 번역하면서 우리도 쓰게 되었습니다.

'각광'을 받는다는 표현도 마찬가지입니다. 'foot lights'라는 표현을 '다리 각脚' '빛 광光'으로 그대로 번역하여 만들었습니다. 특별한 날 멋들어지게 차려입은 옷을 '연미복'이라고 하지요? 이 단어 또한 'swallow-tailed-coat'라는 영어를 번역해 만들었습니다. '제비 연燕' '꼬리 미尾' '옷 복服'입니다.

'forget-me-not'은 물망초勿忘草로 '말 물勿(금지사)' '잊을 망忘' '풀 초草'입니다. 중국에서는 물망아초勿忘我草, 말 물勿, 잊을 망忘, 나 아我, 풀 초草라고 좀 더 정확하게 번역해서 쓰고 있습니다.

이야기한 김에 한 단어 더 소개하겠습니다. 하늘 높이 지은 건물을 마천루摩天樓라고 하지요? 이는 'skyscraper'의 번역어입니다. 마摩는 '문지르다' '닿다'는 뜻으로 하늘에 닿을 만큼 높은 건물이라는 뜻입니다. 1880년대 미국에서 고층 빌딩을 짓기 시작하면서 만든 용어라고 합니다.

이렇게 '위장 취업'한 번역 한자어는 오늘도 시치미를 뚝 떼고 있습니다. 또 어딘가 숨어 있을 텐데…… 발견 즉시 저에게 신고 바랍니다.

# 배려를 잘하고 속이 깊은 친구예요

짝, 나눌 **배配** 생각할 **려慮**

배配는 두 가지 뜻이 있습니다. '짝'이라는 뜻으로 배필配匹, 배우자配偶者, 상배喪配(아내를 여읨) 등의 단어에 쓰고, '나누다'라는 뜻으로 배분配分, 배정配定 등의 단어에 쓰기도 합니다. 려慮는 '생각하다'는 뜻으로 고려考慮, 사려思慮, 심려心慮 등에 씁니다. 즉 도와주거나 보살펴주려고 마음을 쓰는 것을 배려配慮라 일컫지요.

배려는 일본에서 만든 한자어입니다. 일본에서 만든 단어라는 사실을 알고 놀라워할 이들이 적지 않겠지요? 실은 근대 한자어의 많은 경우가 이러합니다. 국민國民, 사회社

會, 정치政治, 경제經濟, 문화文化, 현대現代, 자유自由, 지구地球, 과학科學, 철학哲學, 심리心理, 물리物理 등 수도 없습니다.

일본과 우리만 배려라는 단어를 씁니다. 중국에서는 쓰지 않습니다. 중국에서는 같은 뜻을 지닌 단어로 '관회關懷(guān huái: 관심, 배려)'와 '조고照顧(zhào gù: 돌보다, 보살펴주다)'를 씁니다.

간혹 우리나라에서 배려의 '배'를 짝으로 해석해 '짝(상대방)을 생각하는 마음'이라 풀이하는데, 뜻을 잘못 이해한 겁니다. 배려라는 한자어를 만든 일본에서 '배'는 'くばる(나누어 주다, 고루고루 미치게 하다)'라는 뜻입니다. '배配를 려慮한다', 즉 상대를 생각한다는 의미가 아니라 '려慮를 배配한다', 생각(마음)을 나눈다는 의미입니다. 세심하게 이리저리 마음(신경)을 쓰는 것이 곧 배려이지요.

배려는 공감共感이 전제되어야 합니다. 다른 사람을 도와주려면 상대방의 입장과 처지를 세심하게 살펴 이해하고 공감하는 것이 먼저입니다. 이솝우화 〈여우와 두루미〉를 떠올리면 그 교훈이 더욱 크게 다가옵니다. 가을이 되면 감나무에서 감을 따고는 몇 개를 까치밥으로 남겨두었던 따뜻한 마음이 우리 어른들께 있었지요. 오래된 아름다운 배려의 전통입니다.

10년도 전에 있었던 일입니다. 당시 자율형 사립학교(자사고)의 '사회적배려대상자' 선발 여부를 두고 의견이 분분했는데, 한 신문에 용어의 부적절함에 대해 칼럼을 썼습니다. 법적으로 가정 형편이 어려운 학생을 사회적배려대상자로 선발한다는 취지인데, 과연 그 용어가 그들을 '배려'하는 것인지 모르겠더군요. '사회적으로 우리가 도와주지 않으면 안 될 대상'이란 의미로 교육 기관에서 쓰기에 부적절하게 여겨졌습니다. 그들이 위축되지 않고 긍지를 느낄 수 있는 용어로 바꾸어야 하지 않을까 싶었습니다. 배려를 '배려답게' 하는 일이 생각보다 쉽지 않은 것 같습니다.

하루에도 수없는 사건 사고가 일어나는 요즘이지요.
누군가 번득이는 아이디어로 '정심기淨心器',
즉 마음을 깨끗이 하는 기기를 만들었으면 좋겠다는 생각을 해봅니다.
그럼 다들 욕심이 없으니…… 사는 재미가 없을까요?
그래도 지금보다야 낫지 않을까 싶습니다.

# 마음속 갈등이 깊어지면 병이 됩니다

칡 **갈葛** 등나무 **등藤**

〜〜〜〜〜〜〜〜〜〜〜〜〜〜〜〜〜〜〜〜〜●

서로 복잡하게 뒤얽혀 화합하지 못함. 마음속에 두 가지 이상의 감정이 동시에 일어나 갈피를 잡지 못하고 괴로워 함. 이를 뜻하는 말이 '갈등'입니다.

이방원이 정몽주에게 "만수산 드렁칡이 얽혀진들 어떠하 리"라 했듯이 칡덩굴과 등나무는 나무를 감아 타고 올라가 는 특성이 있습니다. 만약 칡덩굴과 등나무가 서로 뒤엉키 면 손쓸 수 없을 정도로 엉망이 되고 말지요. 이러지도 저 러지도 못하는 이 상황이 바로 갈등입니다.

만약 〈한자어 콘테스트〉가 열린다면 저는 일등으로 이 단어, 갈등을 꼽고 싶습니다. '용수철' '작설차'와 같이 구체적인 사물을 보고 이름 짓는 건 큰 어려움이 없겠지만, 눈에 보이지 않는 심리 작용을 명명한다는 건 매우 힘이 들 것 같습니다. 갈등이라는 단어가 없다고 생각하고 그런 심리 상태를 무어라 하면 좋을지 한번 생각해보세요. 딱히 떠오르지 않고, 막막해집니다. 복잡한 속내, 뒤얽혀서 어디서부터 풀어야 할지 모르는 상황을 '칡덩굴과 등나무가 서로 뒤얽힌 모양'인 갈등처럼 잘 만들 수 있을까요? 참으로 기막힌 관찰이라고 생각이 됩니다.

그러면 이등은 어떤 단어냐고요? 두 번째로 상을 준다면 심금心琴을 꼽겠습니다. 보통 "심금을 울린다"는 말을 많이 합니다. 이때 금琴은 거문고입니다. 심금은 '자극에 따라 미묘하게 움직이는 마음을 거문고 소리에 비유'한 단어입니다. 마음의 미묘한 작용을 거문고에 비유하여 거문고가 잔잔히 울리듯 마음의 흐름을 표현한 것입니다. 감동의 울림이 거문고에서 나는 은은한 울림과 같다는 것이지요.

'마음의 움직임'을 한자어로 표현하는 것은 결코 쉬운 일이 아닙니다. 갈등이나 심금은 아주 잘 만든 한자어입니다.

충분히 상을 받을 자격이 있습니다. 그런데 상 받을 사람이 누굴까요? 까마득한 옛날이라 백골이 진토가 되고도 남았을 텐데 말입니다.

　참고로 중국 산서성에는 '갈등촌'이 있고, 조선 시대 수원부에도 '갈등면'이 있었습니다. 지명을 왜 이렇게 지었는지 궁금해집니다. 지금은 또 어떻게 바뀌었는지 모르겠고요. 여하튼, 이 마을 사람들에게 "뭔 갈등이 그리 많아서요?"라고 농담을 건네면 어떤 대답이 돌아올까요? "그래도 여주군 하품면, 증평군 죽이리, 순창군 대가리, 기장군 대변리, 해남군 고도리보다는 훨씬 낫지요."라고 하겠지요.

# 소위 배웠다는 자가 그런 막말을 하다니

## 바 **소所** 이를 **위謂**

'이른바'를 순우리말로 아는 사람들이 적지 않지만 이는 한자어 소위所謂를 풀어 쓴 것입니다. 소所는 의존명사로 '바'라는 뜻으로 소유所有, 소행所行, 소임所任, 소정所定 등에 쓰며, '장소'의 뜻으로 명소名所, 주소住所, 입소入所 등이 있습니다. 위謂는 '이르다'라는 뜻이니 소위所謂는 '이른바'입니다.

우리나라에 한자가 들어온 것은 대체로 삼국시대 초쯤인데, 한문 전적도 함께 유입되면서 많은 한자어가 우리말로 쓰이게 되었습니다. 영어 단어 중 라틴어에서 파생된 것이 적지 않은 것과 같은 현상입니다.

'말하지 않더라도, 말할 것도 없이'도 한자어 '물론勿論'의 번역어입니다. 물勿은 '금지'와 '부정'에 모두 쓰는 한자입니다.

'타다'가 들어간 말도 그러합니다. 차를 타다, 말을 타다, 밤을 타다, 승세를 타다 등의 표현을 많이 쓰지요? 이것도 승차乘車, 승마乘馬, 승야乘夜, 승승乘勝 등의 번역어입니다.

한자어를 그대로 사용한 것은 우리말의 70퍼센트 이상이지만, 한자어를 우리말로 바꾸어 쓴 것도 상당수입니다. 그 대부분을 우리는 순우리말로 잘못 알고 있습니다. 예를 들자면 끝도 한도 없겠지만, 몇 가지만 더 소개하도록 하지요.

- 불과不過 → ~에 지나지 않는다
- 불의不意 → 뜻밖에
- 봉기蜂起 → 벌떼처럼 일어나다
- 몰입沒入 → 빠져들다
- 운집雲集 → 구름처럼 모이다
- 해빙解氷 → 얼음 녹듯이
- 소임所任 → 맡은 바

- 초래招來 → 불러오다
- 침몰沈沒 → 가라앉다
- 고수固守 → 굳게 지키다
- 난망難望 → 바라기 어렵다
- 연명延命 → 목숨을 이어가다

# 부득이 이사를 가야 했어요

아니 **불不** 얻을 **득得** 그만둘 **이己**

득得은 능能과 같은 뜻이며 이己는 '그만두다'의 뜻입니다. 즉, 부득이不得己는 '그만둘 수 없어서, 마지못해, 하는 수 없이'입니다. 비슷한 표현으로 부득불不得不도 쓰지요. 불不은 디귿(ㄷ)과 지읒(ㅈ) 앞에서는 '부'로 읽습니다.

앞에서 우리말로 알고 있는 한자어를 알아보았지요? 그 이야기를 좀 더 해보겠습니다. 본디 한자어인데 우리말처럼 쓰여 한자로 익히는 것이 오히려 무의미할 정도인 부사어도 많습니다. 몇 가지를 소개해보겠습니다.

- 급기야及其也

- 대관절大關節

- 도대체都大體

- 심지어甚至於

- 어중간於中間

- 기어이其於−이

- 기필코其必−코

- 지금只今

- 단지但只

- 역시亦是

- 기왕旣往 / 이왕已往

- 여하간如何間 / 하여간何如間 / 하여튼何如−튼


  기旣와 이已는 '이미'라는 뜻으로 기왕旣往과 이왕已往은
'이미 지난, 이미 그렇게 된 바에'라는 뜻입니다. 하여何
如나 여하如何는 '어떠하다, 어찌하다'는 뜻입니다. 정몽주
가 "이 몸이 죽고 죽어⋯⋯"라고 〈단심가〉를 읊자 이방원은
바로 "어떠하리, 어떠하리⋯⋯"라는 〈하여가〉를 읊으며 회

유하려 한 것은 널리 알려진 이야기입니다.

이와 조금 다른 맥락이지만, 수년 전 독후감 대회에서 겪었던 일화 하나를 전해드리고 싶습니다. '왠지 그런 의미겠지'라고 대강 짐작하는 한자어가 실은 전혀 다른 의미인 경우를 왕왕 맞닥뜨릴지도 모르겠습니다. 앞서 살펴본, 우리말인 줄 알았던 한자어처럼 '알고 보니 전혀 다른 뜻'인 경우도 많지요.

그 당시 저는 독후감 대회 수상자에게 주는 봉투 겉면에 쓰인 한자를 보고 화들짝 놀랐던 기억이 납니다. 왜냐하면 봉투 겉면에 '少情'이라고 쓰여 있었거든요. 담당자에게 물으니 "소정의 상금이 '적은 마음'이라는 겸손의 뜻 아니에요?"라고 반문을 해왔습니다.

소정의 상금은 '所定'의 상금, 즉 '정한 바 상금'이라는 뜻입니다. 많은 사람 앞에서 금액을 밝히는 것이 예의가 아니니 '주최 측에서 정한 바의 상금'이라고 완곡하게 표현한 것이지요. 초코파이 겉면에 정情이라고 큼직하게 쓰여 있는 것을 봐와서 그런 생각이 들었을까요?

# 오후에 은행 좀 다녀올게요

은 은銀 점포 행行

은銀은 금속이지요. 과거에는 화폐 대용으로 쓰여 '돈'이라는 뜻도 있고, '은빛'의 뜻으로는 은발銀髮, 은백색銀白色 등이 있습니다.

행行은 '다니다, 가다'의 의미로 행인行人, 서행徐行[천천히 서徐, 갈 행行] 등으로 씁니다. 또 '항'으로도 읽는데 친척 간에 쓰는 항렬行列이 그 예입니다.

은행은 돈을 다루는 곳이니 '은' 자가 있는 건 당연할 텐데, 왜 느닷없이 '가다'라는 뜻인 '행'이 들어 있을까요? 좀 이상한 구석이 느껴지나요? 이에 대해 찬찬히 생각해보도록 하겠습니다.

까닭은, 행이 '가다'가 아니라 '점포(가게)'의 뜻이라서 그렇습니다. 즉, 은행은 다름 아니라 '돈을 다루는 점포'라는 의미입니다. 중국에서 행은 음이 'xíng(씽)' 'háng(항)' 두 개입니다. xíng은 '다니다, 가다'로 우리와 의미가 같고, háng으로 읽을 때는 '점포'의 뜻이지요. 중국 길거리에 마주하게 되는 'ㅇㅇ行'이란 간판이 바로 그것입니다. 중국에서 은행은 'yín háng(인항)'인데 우리는 '은행'이라 발음합니다. 항렬만 '항'으로 읽고, 점포는 '행'으로 읽습니다.

참고로, 'ㅇㅇ 양행'이라는 이름의 회사들이 있지요? 양행洋行은 '외국과 무역을 전문으로 하는 회사(foreign firm)'를 일컫는 말입니다. 은행의 경우처럼, 우리는 '양행'이라 읽고, 중국에서는 '양항(yáng háng)'이라 발음합니다. 양洋은 외국 문물 앞에 붙이는 한자니까 즉 '서양 점포'를 의미하는 것이지요.

우리나라 최초의 양행은 1883년 들어온 영국계 이화양행怡和洋行입니다. 1926년 개업한 유한양행柳韓洋行과 기념 주화를 만드는 화동양행禾東洋行도 유명합니다.

은행을 자주 드나들면서도 왜 '행'이라 하는지 생각해본 일이 거의 없을 겁니다. 다들 그러고 삽니다. 사실 사는 데 아무런 지장이 없긴 합니다. 그 뜻이 '가다'든 '점포'든 뭣이 중하겠습니까? 가서 제대로 일만 보고 오면 되지요.

은에 관한 재미있는 이야기 하나 할까요? 명·청 시대 은의 수요가 급증하자 희한한 일이 벌어졌습니다. 남아메리카 은광銀鑛으로 팔려간 아프리카 노예의 숫자가 엄청나게 늘어난 겁니다. 그 이유는 원주민만으로는 노동력이 부족했기 때문이라고 합니다. 중국과는 지구 정반대 편에서 일어난 일입니다. 인간의 탐욕이 빚어낸 현상이지요. 세계화는 이미 오래전부터 시작되었습니다.

# 푸른 언덕에 **배낭**을 메고

## 등 배**背** 주머니 낭**囊**

물건을 담아 등에 질 수 있도록 만든 주머니를 배낭이라고 합니다. 혹시 배낭을 외래어로 알고 있었습니까? 포옹, 나사는요? 영어에서 비롯된 단어인지는 모르겠지만 한자도 아닌 것 같다고요? 이 세 단어는 모두 한자어입니다.

배낭의 배背는 '등'이라는 뜻입니다. 배영背泳, 배후背後에 쓰는 한자입니다. 또 '등지다'라는 뜻도 있어서 배수진背水陣, '배반하다'의 의미인 배은망덕背恩忘德, 배신背信이 있습니다. 등을 지니 배반의 뜻이 생긴 것이지요.

낭囊은 '주머니'라는 뜻으로 침낭寢囊(sleeping-bag), 담낭膽

52

囊(쓸개주머니), 행낭行囊으로 씁니다. 낭중지추囊中之錐라는 고사성어를 들어본 적 있지요? '주머니 속 송곳[錐]'으로, 뾰족한 송곳은 주머니 안에 가만히 있어도 그 끝이 반드시 튀어 보이듯 '재능이 뛰어난 사람은 저절로 사람들에게 알려진다'는 뜻입니다.

포옹과 나사도 이참에 같이 알아보겠습니다. 포옹抱擁의 포抱와 옹擁은 모두 '안다' '품다'라는 의미입니다. 포옹은 '품에 껴안음'이지요. 옹벽擁壁이라는 말 들어보았지요? 장마철 뉴스에 많이 등장합니다. 흙을 빙 둘러 안듯이 감싸 만든 벽입니다. 나사螺絲의 나螺는 '소라'입니다. 나사는 '소라[螺] 껍데기에 실[絲]을 감아올린 것 같은 홈'입니다. 나사못을 보면 그 모양이 소라 껍데기와 비슷하게 생겼지요?

요즘은 잘 쓰지 않지만, 예전에는 '입추의 여지가 없다'라는 말을 많이 썼습니다. 구경하는 사람이 많이 모이는 곳에서 흔히 듣곤 했습니다. 입추立錐는 '송곳을 세우다', 여지餘地는 '남은 땅'이라는 뜻이므로 송곳을 세울 만한 남은 땅도 없다, 즉 '많은 사람이 꽉 들어차 송곳 하나 꽂을 틈도 없다'라고 과장해서 한 말이지요.

지금 이 말을 기억하는 이는 나이 든 사람뿐일 겁니다. 언어는 없어지기도 하고 새로 만들어지기도 하니, 인생살이와 다를 바 없지요.

'왠지 그런 의미겠지'라고 대강 짐작하는 한자어가
실은 전혀 다른 의미인 경우를 왕왕 맞닥뜨리기도 합니다.
우리말인 줄 알았던 한자어처럼,
알고 보니 전혀 다른 뜻인 경우도 많지요.

# 구명 동의는 좌석 아래 있습니다

## 몸통 동胴 옷 의衣

몸통에 입는 옷을 동의라고 합니다. 동胴은 '몸통'을 뜻합니다. 즉 동의는 소매가 없는 옷입니다. 우리는 '조끼(chokki)'로 더 익숙하지요?

"비행기는 활주로에 동체胴體 착륙을 했다"의 '동체'도 몸통이라는 뜻입니다. 바퀴 없이 착륙했다는 의미입니다. 참고로 동胴과 같이 '月(肉)'이 부수인 한자는 모두 우리 몸과 연관이 있는 글자입니다. 간肝, 폐肺, 뇌腦, 흉胸(가슴), 륵肋(갈빗대), 위胃, 순脣(입술) 등이 그 예입니다.

의衣도 좀 더 들여다볼까요? 의상衣裳은 의衣와 상裳이

합쳐진 단어입니다. '의'는 저고리 등의 윗옷[上衣]이며 '상'은 치마[下衣]로, 두 글자가 합쳐 '겉에 입는 옷'이란 뜻이 되었습니다.

참고로 녹의홍상綠衣紅裳은 연두저고리와 다홍치마를 뜻합니다. 당의정糖衣錠은 불쾌한 맛을 피하고 변질을 막기 위해 표면에 당분[糖]을 입힌[衣] 알약[錠]이고요.

사실 동의胴衣가 무슨 뜻인지 잘 몰라도 비상 상황이 발생하면 재빨리 손이 가겠지요. '구명'이라는 단어만 보고 직감할 수도 있습니다. 목숨을 구해 줄 뭔가 있다는 것을요.

동의 뜻을 몰라도 살아가는 데는 별다른 지장이 없다는데 다들 동의同意하시나요?

# 바이러스가 **창궐**하고 있습니다

미쳐 날뛸 **창猖** 날뛸 **궐獗**

창궐은 '걷잡을 수 없이 퍼짐, 사납고 세차게 퍼져 나감' 이라는 의미입니다. 뜻풀이를 보면 알 수 있듯 '날뛰다'가 두 번이나 등장하지요? 미쳐 날뛰는 사람을 붙잡는 것도 쉬운 일이 아닌데, 눈에 보이지도 않는 바이러스는 오죽이나 하겠습니까? 그러고 보면 인간이 만물의 영장은 아닌 것 같다는 생각이 들기도 합니다.

조선 시대는 역병疫病도 창궐하고, 왜구倭寇도 창궐하고, 도적盜賊도 창궐했다는 기록이 있습니다. 무엇이든 간에 '창궐'을 하면 백성의 삶을 지치게 하고 피폐하게 합니다.

시대가 달라져도 마찬가지인 듯합니다.

예로 든 문장에 나온 단어, 바이러스(Virus)는 중국어로 병독病毒입니다. 병을 일으키는 독이라는 뜻으로, 바이러스의 특성에 따라 이름을 지었습니다.

한글은 표음문자表音文字로 어떤 소리든 표기할 수 있습니다. 인도네시아 찌아찌아족이 한글을 문자로 채택한 이유이기도 하지요. 그러나 한자는 표의문자表意文字이기 때문에 외래어 표기에 어려움이 많습니다. 그래서 중국에서는 세 가지 방식으로 외래어를 표기합니다.

첫째, 외래어의 뜻과 사물의 특징을 잘 포착하여 표기하는 방식입니다.

- 텔레비전 → 전시電視
- 컴퓨터 → 전뇌電腦
- 에어컨 → 공조空調

둘째, 외래어의 음과 비슷하게 표기하는 방식입니다.

- 버스 → 巴士(bāshì)
- 서울 → 首爾(Shǒuěr)
- 콜라 → 可樂(kělè)

셋째, 외래어의 뜻과 같은 의미의 한자로 표기하는 방식입니다.

1994년, 꽤 오래전에 대만에 간 적이 있었는데요. 길거리에서 열구熱狗(règǒu)라 쓴 간판을 보고 흠칫했습니다. '이 사람들은 길에서도 따끈따끈한 개고기를 파는구나' 생각하고 슬금슬금 가까이 가 보았더니 아뿔싸, 핫도그였습니다.

- hot= 뜨거울, 열熱
- dog= 개, 구狗
- hot dog= 熱狗

오늘 간식으로 '뜨거운 개'는 어떠하신지요?

우리는 세종대왕께 진심으로 감사해야 합니다. 모든 소리를 한글로 쉽게 표기할 수 있게 해 주셨으니까요. 음수사

원飮水思源이라는 말이 있습니다. 물을 마실 때는 물이 어디서 왔는지 그 근원을 생각해야 한다는 뜻이지요.

# 구라파 쪽으로 여행을 다녀왔습니다

토할 **구歐** 비단 **라羅** 땅이름 **파巴**

　유럽(Europe)은 한자로 구라파歐羅巴라고 씁니다. 유럽이란 발음을 한자어로 표기한 겁니다. 그런데 이상하지 않습니까? 음역音譯, 즉 발음 그대로 번역해서 만든 한자어라는데 '구'로 시작하잖아요. 유럽은 '유'로 시작하는데 한자는 '구'입니다. 대체 어떤 연유일까요?

　이것은 우리나라에서 자전字典을 만드는 과정에서 생긴 '알 수 없는 오류' 때문입니다. 1915년 〈조선광문회〉에서 우리나라 최초의 근대식 자전인 《신자전》을 발간합니다. 《신자전》에는 구歐의 음이 '우'이며 속음俗音, 즉 원래 음과 달리 대중들이 쓰는 일반적인 음은 '구'로 성씨姓氏에만 쓴다고 되어 있습니다.

그런데 무슨 연유인지 시간이 흐르며 '歐'는 우가 아니라 속음인 구로 바뀌었고, 본래 음인 우는 아예 없어졌습니다. 속음이 널리 쓰이니 그것을 따른 것인지, 아니면 歐의 구區에 정신이 쏠려 '구'로 바꾼 것인지 통 알 수 없습니다.

이후 최근까지 발간된 자전을 살펴보면 어떤 자전은 '歐: 구'라 하고, 어떤 자전(《백년옥편》,두산동아)은 '歐: 구 / 본음本音: 우'라 하여 본래의 음이 우였음을 그나마 밝혀 놓았습니다. 꼬리 잘린 도마뱀의 꼬리 흔적처럼 말이지요.

중국에서 구의 음은 'ōu(오우)'이고, 일본에서도 'おう(오우)'라 합니다. 구주歐洲를 중국은 'ōu zhōu(오우 조우)'로, 일본은 'おうしゅう(오우슈)'라 읽지요. 두 나라 모두 구의 음이 '오우'로 같습니다. 구양수歐陽脩도 '구'가 아니라 'ōu'입니다. 중국이나 일본에 구란 음은 없습니다. 우리만 지금까지 곡절도 모르게 변한 '구'로 읽고 있는 것이지요.

• 구주歐洲 → 우주

- 서구西歐 → 서우

- 구미歐美 → 우미

- 동구권東歐圈 → 동우권


　이렇게 바로잡아 읽어야 하는데 이것이 가능할까요? 쉽지 않을 듯합니다. 또 하나, 흔히 '청계천 복개 공사'라 하는 '복개'도 잘못된 발음입니다. 복개覆蓋의 복覆은 '넘어지다'라는 뜻일 때는 '복'으로 읽습니다. 예를 들어 "전복顚覆되었다"라는 표현이 있겠네요. 그러나 '덮다'라고 뜻할 때는 복이 아니라 '부'로 읽습니다. 개蓋도 '덮다'는 뜻이고요. 따라서 복개가 아니라 '부개'라 읽어야 바릅니다. 얼굴을 덮고 가리는 복면覆面도 '부면'으로 읽어야 합니다. 중국은 복의 음이 'fù' 하나인데 우리는 왜 '복'과 '부' 두 개가 되었는지, 두 개의 뜻으로 구별했으면 그에 맞는 음으로 읽어야 하는데 답답한 노릇이지요.

　《홍길동전》을 지은 조선 시대 문인 허균의 문집 이름은《성소부부고惺所覆瓿藁》입니다. 자신이 직접 이름을 지었다고 합니다. 성소惺所는 허균의 호이고, 부瓿는 항아리, 고藁는 원고입니다. 부부고覆瓿藁는 '항아리를 덮는 데나 쓰는 원고'라는 의미로 자신의 글을 겸손하게 일컫은 말입니다. 여기서는 覆를 '부'로 바르게 발음하고 있네요.

'우라파' '청계천 부개 공사' '부면 가왕'이라고 말해야 바르지만 워낙 관행으로 굳은 말이니 바꾸기 쉽지 않을 겁니다. 그리 말하다가는 "멀쩡하게 생겨서는……" 한 소리 들을지도 모릅니다.

당연하게 써온 말이었는데 뜻이 전혀 다르다고요?
한 끗 차이로 생겨난 언어의 속뜻을 살펴봅니다.

# 2장 오해의 한자어

# 내일 회사에 **사직서**를 낼 겁니다

그만둘 사**辭** 직책 **직職** 글 서**書**

직무를 내놓고 물러나게 해줄 것을 청원하는 서류를 사직서라고 합니다. 사辭는 '말씀' 또는 '그만두다'라는 뜻으로 씁니다. '말씀'은 답사答辭나 축사祝辭 등이고, '그만두다'는 사의辭意나 사표辭表 등입니다.

벌써 꽤 오래전 일입니다. 텔레비전에서 명절 특선 영화로 〈홍반장〉을 하기에 재미있게 보았습니다. 한참 잘 보고 있는데 문득, 웃음도 나오지 않는 심각한 장면을 마주했습니다. 주인공이 한자로 '社稷署'라고 쓴 봉투를 아무 말도 없이 직장 상사 책상에 내미는데 상사는 "왜 그만두려 하느냐?"고 되묻더군요.

영화에 나온 '社稷署'는 우리가 아는 그 사직서가 아닙니다. 조선 시대 종묘와 함께 지은 제단인 사직단社稷壇을 관리하던 관청을 뜻하는 용어입니다. 사직단을 관리하는 부서의 이름을 써서 내밀었는데 "왜 그만두려 하느냐?" 묻다니……. 이 사람, 찰떡같이 상대의 심기를 파악하는 걸 보니 독심술이라도 하는 걸까요? 한자를 아는 외국인이 이 영화를 보았다면 우리나라를 '유머가 넘치는 재미있는 나라'라고 생각했을까요?

辭職書와 社稷署는 동음이의어입니다. 뜻은 다르지만 '사직서', 음이 같은 단어입니다. 그런데 한글 프로그램에는 社稷署만 등록되어 있습니다. 한글로 사직서를 쓰고 '한자 바꾸기'를 누르면? 社稷署가 됩니다. 그러니 당연히 이렇게 바뀌었겠지요. 지금도 《새 국어사전》(두산동아 1999)에는 社稷署의 '署'를 '書'로 잘못 표기하고 있습니다.

5년 전쯤 있었던 또 다른 일입니다. 매일 아침 방송되는 어느 교양 프로그램에서 축의금이 얼마가 적당한지를 다루기에 흥미롭게 보고 있었습니다. 리포터가 이런저런 예를 들면서 설명을 마치고는 흰 봉투를 높이 들고 결혼식장으로 들어가는 멋진 장면을 연출하며 방송을 마치더군요. 그 마지막 장면을 보며 하마터면 외마디 비명을 지를 뻔했습니다. 리포터 손에 들려 있는 봉투에는 '賻儀(부의)'라고 한자로 쓰여 있었습니다. 오죽하면 "봉투에 석 자[祝結婚(축결혼)]면 결혼식, 두 자[賻儀(부의)]면 상갓집에서 써라" 했겠습니까? '웃픈' 현실입니다. 그나마 지금은 봉투에 한자로 인쇄된 것을 팔기나 하지, 예전에는 정말 가관이었습니다.

이런 예를 들자면 끝도 한도 없습니다. 방송이나 신문뿐 아니라 교과서, 표준국어대사전 등 각 분야에서 잘못 쓴 한자어는 부지기수입니다. 한국한문교육학회장 재임 때 학술회의를 한 뒤 이러한 사실을 각 기관에 일러주었지만 그럼에도 잘못 쓴 한자어는 여전히 남아 있습니다.

신문이나 방송을 보면 제 눈에는 자꾸 이런 것만 보입니다. 눈에 뜨일 때마다 메모지에 적어두는데…… 세월이 흐르며 '외상 장부'처럼 두둑이 쌓여갑니다.

# 안 돼요, **낙장불입**입니다

떨어질 **낙落** 장 **장張** 아니 **불不** 들 **입入**

낙장불입은 '한 번 내어놓은(떨어트린) 화투장花鬪張은 다시 집어 들지 못한다'는 뜻입니다. 낙장불입은 사전에 등재된 단어일까요? 아니면 화투판에서 주로 쓰는 속어일까요?

표준국어대사전에 낙장불입이 정식으로 등재되어 있다는 사실을 아는 사람은 많지 않습니다. 어떻게 화투판에서 오가던 용어가 사전에까지 올랐는지 궁금한가요? 그만큼 온 국민이 열렬하게 외쳤기 때문일 겁니다. '우렁쉥이'만 표준어였다가 '멍게'도 표준어가 되었듯이 말입니다.

낙장불입은 주어와 술어 구조를 갖춘 엄연한 한문 문장입니다. 낙장落張은 주어이고 불不은 부정사이며 입入은 동사입니다. 네, 여러분은 지금까지 화투판에서 한문 문장을 줄줄 외우고 있었습니다.

화투를 치다가 '파토'가 났다고도 많이 이야기하지요? 파토는 파투破鬪를 잘못 쓴 말입니다. '화투[鬪]판이 깨졌다[破]'라는 뜻으로, 파투의 사전적 의미는 '장수張數가 모자라거나 차례가 어긋나 무효가 되는 일'입니다. 무슨 일이 잘못되었을 때도 "파투가 났다"고 해야 바릅니다.

'도박'과 '오락'의 경계는 무엇일까요? 알 수 있는 간단한 방법이 있습니다. 돈 내기를 하지 않아도 재미있는 것은 오락입니다. 그런데 돈을 걸지 않으면 조금도 재미없는 것은 도박입니다. 고스톱을 치면서 1원도 걸지 않고 해보면 많이 해봐야 두 판입니다. 더 하라 해도 할 사람은 아마 없을 겁니다. 길에서 5000원을 잃어버리면 아깝지만 조금 지나면 잊고 마는데 고스톱은 50원만 잃어도 붉으락푸르락. 그래서 도박입니다.

# 저랑 **막역**한 사이예요

**없을 막莫 거스를 역逆**

　오래전, 차 안에서 우연히 라디오를 들었는데 출연진 중 한 분이 친구를 소개하면서 "저하고 아주 막연한 사이예요"라고 하더군요. 그 말을 듣고 고개를 갸웃거렸습니다. 막연漠然은 '어렴풋하다'라는 뜻으로 잘 모르는 사람이라는 건데 왜 친하다고 소개할까 싶었습니다.

　막연이 아니라 '막역莫逆'이라고 말해야 바른 표현입니다. 막莫은 '없다, 하지 않다, 말다' 등의 뜻인 부정사이고 역逆은 '거스르다'라는 뜻입니다. 즉, 막역은 '거스름이 없는' '서로 허물이 없다'는 의미입니다. 막역한 사이, 막역한 친구라고 말해야겠지요.

'막역한 친구'는 역시 어렸을 때 함께 학교를 다녔던 동창들입니다. 아무 이해관계 없이 만나 오랜 세월 우정을 나누었기 때문이지요.

제가 20대였을 때는 집 전화 말고 마땅한 통신 수단이 없었습니다. 방학 중 친구들에게 안부 편지를 쓰는 것이 유일한 낙이었지요. 1978년, 안성 칠장사에 두어 달 묵었던 적이 있었습니다. 친구들과 편지 왕래도 제법 있었고요. 군대에 가 있던 친구에게 칠장사 주소로 편지를 보내니 군 동료들이 "친구가 스님이냐?"고 궁금해했다고 해서 웃었던 적이 있습니다.

60세 환갑이 되던 해, 친구들에게 대학 시절 보내주었던 편지를 곱게 묶어 되돌려주었습니다. 40년 전 추억을 돌려준 셈입니다. 다들 놀라워했습니다. 집에 가서 가족들에게 편지를 보여주며 감수성이 풍부했던 젊은 시절의 글 솜씨를 자랑했다고 합니다. 지금은 편지 쓰는 것도 어색한 시대가 되고 말았습니다. 그렇다고 그 많은 문자와 카톡을 복사할 수도 없고…….

홀홀단신이라는 말도 심심치 않게 들려옵니다. 이것도 혈혈단신孑孑單身이 맞습니다. 혈혈단신의 혈孑은 '외롭다'는 뜻입니다. 의지할 곳 없는 홀몸이라는 의미이죠. 참고로 '외로울 혈孑'과 '아들 자子'는 글자 모양이 미세하게 다르니 쓸 때 유의하면 좋겠습니다.

하나 더 예를 들어보겠습니다. 標識는 어떻게 읽을까요?

대부분 이 단어를 '표식'으로 읽습니다. 우리가 알고 있는 識의 음이 '식'이기 때문인데요, 識은 '알다'일 경우 '식'이지만 '적다, 표하다'라는 뜻일 경우 음이 '지'입니다. 따라서 표식이 아니라 '표지'라 읽어야 합니다. 그러고 보니 標識板은 표지판으로 제대로 읽고 있었군요.

풍비박산風飛雹散도 마찬가지입니다. 흔히 '풍지박살' 혹은 '풍지박산'이라고 말하는데 그게 아닙니다. 바람 풍風, 날 비飛, 우박 박雹, 흩어질 산散으로 '바람에 날려가고 우박이 떨어지면 튀어 흩어지듯이 없어지다', 즉 사방으로 날아 흩어짐이라는 뜻이지요. 근데 하도 입에 붙어서인지 풍비박산보다 '풍지박살'이 왠지 더 폭삭 망한 느낌이 들기는 합니다.

# 저 불한당 같은 녀석

아니 불**不** 땀 한**汗** 무리 당**黨**

불한당은 '떼를 지어 다니며 강도짓을 하는 무리, 남을 괴롭히는 것을 일삼는 사람'을 일컫는 말입니다. 한汗은 '땀'을 뜻합니다. 상가 건물에 '한증막'이라고 쓰여 있는 간판을 종종 보게 되지요? 한증막汗蒸幕은 땀 한汗, 찔 증蒸, 장막 막幕의 단어로 '찔 듯한 높은 온도로 몸을 덥게 하여 땀을 내게 하는 시설'을 일컫습니다. 그러고 보니 불한당은 그와 정반대인 셈입니다. 한자 풀이로 '땀을 흘리지 않는 무리', 즉 땀을 흘리는 노력을 하지 않고 쉽게 남의 재물을 취하는 무리라는 의미로 써왔습니다.

그런데 불한당의 어원에 관한 여러 가지 설이 있었습니다. 첫째, 불은 순우리말로 '거친, 막가는'이란 뜻이며 한당汗黨은 '남의 재물을 빼앗거나 폭행, 협박 따위를 일삼으며 돌아다니는 무리'로 '아주 거친(막가는) 한당'이 불한당이라는 설입니다. 둘째, '부랑당(일정하게 사는 곳 없이 떠돌아다니는 무리)'을 한자로 표기했다는 설이 있고요. 마지막 셋째, 불한당은 조선 정조 때 한글 문헌인 《무오연행록》에 유일하게 보이는데, 명화적明火賊(횃불을 들고 약탈을 일삼는 강도 무리)과 같은 의미라는 설입니다.

앞서 살펴본 깡패는 'gang+牌'로 태어난 '출생의 근본'이 있는데, 불한당은 '출생의 비밀'이 있나 봅니다. 어원이야 어찌 되었든 '노력을 하지 않고 남의 재물을 빼앗는다'라는 건 사실이니 한자 뜻풀이로 이해한다고 해서 잘못된 것은 아니겠지요.

무더운 여름날, 당최 땀을 흘리지 않는 친구에게 불한당이라 농담했더니 화를 내더군요. 농담도 한자를 아는 친구에게 해야 했는데…… 농담 실패입니다.

# 사이비 종교는
# 사회악이라고 생각합니다

## 같을 사似 말 이을 이而 아닐 비非

이야기를 시작하기 전에, '사이비'는 영어 단어를 번역하며 생겨난 한자어일까요, 아니면 본래 한자어일까요?

외국어스러운 어감 때문인지 혹은 사이비와 사이버를 착각해서인지, 영어 단어에서 비롯된 한자어로 짐작하는 이들이 종종 있습니다. 사이비는 '겉으로는 비슷하게 보이나 본질은 완전히 다른 가짜'라는 뜻을 가진 한자어입니다.

사似는 '비슷하다'라는 뜻으로, 대표적으로 유사품類似品(짝퉁)에 쓰입니다. 이而는 '말 이을'이라는 뜻입니다. 뜻 그대로 앞뒤 말(문장)을 이어주는 접속사이지요. 이而는 순접(그래서, 그리고)과 역접(그러나, 그렇지만)에 모두 쓰입니다. 그러니 글자만 보고 순접인지 역접인지 알 수 없습니다. 앞뒤 문장을 잘 따져보아야 합니다. 해석할 때 '그래서' '그러나' 등으로 노출하지 않고, 앞 문장의 어미를 적절히 바꾸어 풀이합니다. 예컨대 '∼해서, 하고'나 '∼하나, 하지만'으로 해야 합니다. 박이부정博而不精을 '널리 안다. 그러나 정밀하지 못하다'라 하지 않고 '널리 알고 있지만(있으나) 정밀하지 못하다'라고 풀이하는 것입니다. 비非는 '그르다, 아니다'의 뜻입니다. 시비是非는 '옳고 그름'이고, 비범非凡은 '평범하지 아니함'입니다.

사이비似而非는 '비슷하나(하지만) 아니다'로 해석하며, 엄연한 한문 문장입니다. 겉으로 보기에는 비슷해 보이나 잘 살펴보면 아니라는 뜻이지요. 《맹자》에, 공자께서 말씀하시기를 "나는 사이비를 미워하노니孔子曰 惡似而非者"라고 한 것으로 보아 2500여 년이나 된, 꽤 오래된 말입니다. 제임스 레그가 영문 번역한 문장을 여기에서도 함께 소개하겠습니다.

Confucius said, "I hate a semblance which is not the reality……." – James Legge

이는 주로 종교, 교주 등과 붙여서 많이 쓰는 단어이기도 합니다. 성경이나 목탁을 들고 버젓이 종교인 행세를 하나 종교의 본질과는 하등 관련이 없지요. 신도들에게 금품을 갈취하는 게 목적인 사이비가 대부분입니다.

20여 년 전 학생처장 시절, 영국 엘리자베스 여왕을 자기 동생이라고 하면서 종말론을 주장하던 사이비 교주와 험하게 얽혔던 적이 있었습니다. 이런 황당한 자를 믿는 사람이 있을까 했지만, 의외로 멀쩡한 교수가 극렬 신도였습니다. 반걸음만 뒤로 물러서서 보면 그 실체가 환히 보이는데 광신도들은 'back gear'가 망가진 것 같았습니다.

비슷한 구조의 한자어를 소개할까 합니다. 중차대重且大라는 말도 많이 씁니다. 요즈음 우리 사회가 바로 '중차대한' 상황이지요. 重且大의 且(차)는 '또'라는 뜻입니다. 보통 앞뒤에 형용사가 오지요. 重且大는 '중요하고 또 크다'로 매우 크고 중요함입니다.

방송이나 신문뿐 아니라 교과서, 표준국어대사전 등
각 분야에서 잘못 쓴 한자어는 부지기수입니다.
눈에 뜨일 때마다 메모지에 적어두는데……
세월이 흐르며 '외상 장부'처럼 두둑이 쌓여갑니다.

# **향년** 90세로 세상을 떠나셨습니다

누릴 **향享** 나이 **년年**

죽은 이의 한평생 누린 나이를 향년이라고 합니다. 향享은
'누리다'라는 뜻으로 향락享樂, 향유享有 등의 단어에 씁니
다. 향년享年을 몇 세부터 써야 하는지 정해진 기준은 없습
니다. 그러나 10대에게 쓰기는 좀 어색할 것 같습니다. 짧
은 생을 마친 이에게 '누리다[享]'라는 말을 쓰는 것이 민망
하고 미안하니까요.

지난해, 어느 모임에서 사회자가 "회장님께서 올해 향년
여든이 되셨습니다"라고 소개해서 깜짝 놀랐던 적이 있습
니다. 존중하는 마음을 담아 상대를 추어올리는 의미로 쓴

것이겠지만 아무리 그래도, 돌아가신 분에게 쓰는 단어를 쓰다뇨……!

이 비슷한 일을 지인에게도 들었습니다. 오랜만에 만난 후배가 자신에게 인사를 건네며 "올해 향년이 어떻게 되셨지요?" 하고 물어봤다는 겁니다. 이제 그만 세상을 떠나라는 말은 아닐 텐데, 웃어야 할지 울어야 할지 순간 적잖이 당황했다고 합니다. 한자를 바르게 알고 쓰는 것이 이렇게 중요합니다.

이후 참석한 또 다른 모임에서도 비슷한 상황을 마주했습니다. 사회자가 한 참석자를 무대에 불러 소개하면서 "현재 ○○기업 사장을 역임하고 계십니다"라고 하더군요. 잠깐, 이 문장에 이상한 점이 있다는 것을 눈치챘나요? 바로 '역임'이라는 단어 때문입니다.

역임歷任은 '여러 직위를 두루 거쳐 지냄'이라는 뜻으로 이미 직위를 그만둔 사람에게 쓰는 단어입니다. 역歷은 '겪다'라는 뜻으로 전력前歷, 학력學歷, 역전歷戰(많은 전쟁을 겪음) 등에 씁니다. '역전의 용사'가 바로 이 역전입니다. 역 앞에 있는 용사가 아니고요.

하여튼, 역임은 어떤 일을 이미 그만둔 사람에게 쓰는 말인데 '현재' 어떻게 '역임'할 수 있겠습니까? 설마…… 사장직을 내려놓으라는 은근한 압박은 아니었겠지요?

# 바퀴벌레가 나타나서 **식겁**했어요

먹을 **식食** 겁낼 **겁怯**

'식겁하다'가 한자어라는 사실이 놀라운가요? 경상도 사투리인 줄 알았던 분들이 많을 겁니다. "시껍했네" "시껍했다 아이가!"라는 말을 많이 들었을 겁니다. '시껍'은 식겁食怯을 읽는 소리입니다. 식겁食怯은 '겁을 먹다, 뜻밖에 놀라겁을 먹음'이라는 뜻을 가진 한자어입니다.

비슷한 단어로 기겁氣怯을 살펴보도록 하지요. 기겁은 '기氣가 질릴 정도로 겁내는 것'이니 '숨 막힐 듯이 갑작스럽게 겁을 내며 놀람'이라는 의미입니다. 살다 보면 기겁할 일이 어디 한두 가지인가요. 또 다른 단어 식언食言을 소개합니다. '내가 했던 말을 도로 먹다'는 것이니 이는 '약속을 지키지 않음'이라는 뜻입니다. 말[言]은 아무리 먹어도 배도 부르지 않고 사람 꼴만 말이 아니게 됩니다.

미생지신尾生之信이라는 고사성어가 있는데요, 두 가지 의미로 쓰입니다. 첫 번째는 '약속을 끝까지 지킴'이라는 뜻이고 두 번째는 '우직하여 융통성이 없음'이라는 뜻입니다. 이야기의 배경은 이러합니다. 미생尾生이 여인과 다리 아래에서 만나기로 약속을 했습니다. 마침 억수같이 비가 내리는데 여인은 오지 않았지요. 미생은 '약속한 그 자리'에서 다리 기둥을 부여잡고 끝까지 있다가 급류에 휩쓸려 세상을 떠나고 말았습니다.

목숨보다 더 귀한 것이 있을까요? 그래도 미생은 약속한 바로 그곳에서 여인을 끝까지 기다렸습니다. '약속을 약속 그대로' 지키고자 했던 겁니다. 중국 전국시대의 정치가인 소진은 이런 미생을 '약속을 잘 지킨 인물'로 생각했고 장자는 '융통성이 없는 인물'로 여겼습니다. 따라서 두 가지 의미를 지닌 고사성어가 된 것입니다.

여러분은 미생의 행동을 어떻게 생각하나요? 장대비가

세차게 내려 물이 차오르면 다리 위로 올라가 기다리면 되지 않았을까요? 그 여인이 약속한 그 자리에 헤엄치며 오리라 생각했던 걸까요? 어찌 되었든, 요즘은 식언을 밥 먹듯 하는 이들이 많은 세상이라서인지 이토록 우직한 사람이 그립기도 합니다.

# 마침내 바라고 바라던
# 옥동자가 태어났습니다

옥 **옥玉** 아이 **동童** 아들 **자子**

옥동자는 남의 집 아이를 칭찬해서 이르던 말이었습니다. 옥처럼 잘생긴 사내아이, 어린 사내아이를 귀엽게 이르는 말이었지요. 그러나 2002년, 주말 저녁 개그 프로그램에서 어느 개그맨이 "옥동자여~"를 외치던 바로 그날 이후 우리는 '잘생긴 귀여운 아이'라는 뜻으로 더 이상 쓸 수 없게 되었습니다.

한창 옥동자가 전국적으로 크게 유행하던 시절, 웃자고 만든 재미있는 이야기들이 떠돌았습니다. 하나는 출산을 앞둔 산모에게 의사가 "당신은 장차 귀한 옥동자를 낳을 겁니다”라고 했더니 얼굴이 사색이 되었다는 이야기고요. 또 하나는 막 아이를 출산한 산모에게 “축하합니다! 건강한 옥동자를 낳으셨어요!” 인사를 건넸더니 “어떻게 그런 말을 함부로 할 수 있느냐”며 서운해했다는 이야기입니다. 말 그대로 ‘웃픈’ 이야기지요. 방송의 위력이 참 대단하지요? 예로부터 써오던 한자어의 ‘생살여탈권生殺與奪權’을 쥐고 있습니다. 한 가지 예를 더 들까요? 크라이슬러(Kreisler)의 서정성이 뛰어난 음악 〈사랑의 기쁨(Liebesfreud)〉도 그 선율에 몰입할 수 없게 되었습니다. 이 음악을 들으면 바로 개그 프로그램 〈달인〉이란 코너가 떠오르기 때문입니다. 그 코너의 신호 음악(signal music)이었습니다. 이 음악도 ‘옥동자’와 같은 신세가 되었습니다.

이에 반해 슬그머니 없어진 한자어도 있습니다.

예전에 야구 중계방송을 들으면 “○○○ 선수가 주자 일소 2루타를 쳤습니다”라고 외치는 말을 심심치 않게 들었는데 요즘은 일소一掃라는 단어를 거의 쓰지 않더군요. 지금은 ‘싹쓸이 2루타’로 바뀌었고 일소라는 단어를 모르는 사람들도 꽤 있습니다. 일소는 ‘한 일一’ ‘쓸 소掃’, 뜻 그대로 한꺼번에 싹 쓸어버린다는 의미입니다. 싹쓸이를 주로 쓰면서 일소는 어느 틈엔가 소리 없이 사라져버렸습니다.

아나운서나 해설자도 한자를 제대로 배운 세대가 아니니 고스톱 판에서 주로 외치던 싹쓸이라 해도 말하는 사람이나 듣는 사람이나 전혀 어색하거나 거북하지 않을 겁니다. 요즘은 '싹쓰리'라는 이름의 가수도 등장했으니 '싹쓸이'와 '싹쓰리' 맞춤법에도 유의해야겠습니다.

# 국가대표 선수들이
# 무개차를 타고 퍼레이드를 하네요

### 없을 **무無** 덮을 **개蓋** 수레 **차車**

덮개나 지붕이 없는 자동차를 무개차無蓋車라고 합니다. 개蓋는 '덮다'라는 뜻으로 덮개나 뚜껑으로도 쓰입니다. 두개골頭蓋骨, 복개覆蓋가 대표적인 예라고 볼 수 있지요. 중국 진나라 말, 항우가 지은 유명한 시의 한 구절인 '역발산 기개세力拔山 氣蓋世'는 힘은 산을 뽑을 만하고, 기개는 세상을 덮을 만하다로 풀이합니다. 여기에서 개도 '덮다'라는 뜻이지요.

개는 '대개'라는 뜻의 부사로도 쓰입니다. 개연성蓋然性이 그 예입니다. 개연성은 '대개 그럴 것이라고 생각되는 성질'이라는 의미입니다. '개연성이 있다, 없다'로 많이 씁니다. 외국 정상이 우리나라를 방문하면, 담임선생님께서 지정해준 종로 어느 길가에서 열렬히 손을 흔든 적이 있었습니다. 언제 이야기냐고요? 그러니까, 호랑이 담배 피우던 시절……까지는 아니고 제가 중학교에 다닐 때입니다. 아주 오래전이긴 하네요. 지금 생각해보면 말도 안 되는 일이지만 당시만 해도 아주 당연한 일이었고 문제 삼는 학부모도 없었습니다.

그때 길거리 전파사에서 "지금 두 나라 대통령이 무개차를 타고 연도에 늘어선 시민들을 향해 손을 흔들고 있습니다"라고 소리 높이는 아나운서의 목소리가 들려왔습니다. 얼마 뒤 〈대한 늬우스〉에서 영상을 보여주며 똑같은 방송을 했습니다. 당시에는 저뿐 아니라 또래 대부분이 '무개차'를 '무게차'로 알아들었습니다. 대통령이 타는 자동차니 당연히 무거울 것이라 생각한 겁니다. 정확한 뜻을 모르니 들리는 대로 이해한 것이지요. 세월이 흐른 뒤 무게차가 아니라 무개차, 즉 '덮개가 없는 open car'라는 것을 알고 나서 헛웃음만 나왔습니다.

때로 사람들이 화가 너무 나면 "뚜껑이 열린다!"라고 말하지요? '몹시 화가 나다'라는 뜻으로 쓰는 속어인데, 두개골頭蓋骨의 개가 '뚜껑'이나 '덮개'의 뜻이 있다는 것을 정확하게 알고 있는 사람이 만들었겠지요?

# 이인삼각 경기를 하겠습니다

두 **이二** 사람 **인人** 석 **삼三** 다리 **각脚**

　　체육대회나 레크레이션 행사에 가면 친목을 도모하고 팀 워크를 기른다는 취지로 단체 시합을 하게 됩니다. 그중 빠뜨릴 수 없는 것이 바로 이인삼각二人三脚 경기가 아닐까 싶습니다. 사회자가 "곧 이인삼각 경기를 하겠습니다"라고 말하면 사람들이 주섬주섬 상대방의 발을 묶기 시작하지요. 이인삼각이 어떻게 하는 경기인지 모르는 사람은 없을 겁니다. 그런데 "이인삼각이 무슨 뜻인 줄 아세요?" 물으면 대부분 "글쎄요, 대충 알 것 같기도 하고…" "잘 몰라요" 등등 애매하게 답을 합니다.

각脚은 '다리', 즉 무릎에서 복숭아뼈까지 부분을 이릅니다. 발은 '족足'이고 넓적다리는 '퇴腿'라고 합니다. 각선미脚線美라는 단어 들어본 적이 있지요? '무릎에서 복숭아뼈까지 다리[脚] 곡선[線]의 아름다움[美]'을 일컫는 말입니다. 각기병脚氣病은 그 부위에 생긴 병이고요.

즉 이인삼각 경기는 두 명이 각자 한 발씩 서로 묶은 뒤 총 세 개의 다리로 뛰는 것을 말합니다.

단어를 좀 더 살펴볼까요? 건각健脚은 '튼튼한 다리'라는 뜻으로 육상이나 마라톤 선수를 일컬을 때 쓰고, 교각橋脚은 '다리를 받치는 다리(기둥)'입니다. 각은 신체의 아랫부분에 있으므로 '아래'라는 뜻으로도 쓰입니다. 책을 읽다가 흔히 보게 되는 각주脚註가 바로 그 의미입니다. '본문 밑에 붙인 주'를 뜻합니다.

# 염치불고하고 부탁 좀 할게

청렴할 **염廉** 부끄러워할 **치恥** 아니 **불不** 돌아볼 **고顧**

염치불고廉恥不顧는 '염치를 돌아보지 않다'라는 뜻입니다. 그러나 '염치불구'라고 말하고 쓰는 사람이 매우 많지요. '체면 불구'도 '체면 불고'라고 해야 바릅니다.

이처럼 한자어를 들리는 대로 써서 잘못 사용하는 경우가 빈번합니다. 이는 우리말의 음운 현상 때문입니다. 앞의 글자가 뒤의 글자에, 뒤의 글자가 앞의 글자에 영향을 주어 글자 그대로 발음할 수 없게 만듭니다. 이를 동화同化 현상이라고도 합니다. 대표적인 단어 몇 개를 더 살펴보도록 하겠습니다.

• 희한稀罕: 드물 희稀, 드물 한罕. '매우 드물거나 신기하다'는 뜻인데 가끔 휴대폰으로 메시지를 주고받거나 인터넷 게시판이나 댓글을 보다 보면 '히안' 또는 '희안'이라 말하고 쓰는 사람을 종종 마주합니다.

• 후유증後遺症: 뒤 후後, 남길 유遺, 증세 증症. '병을 앓고 난 뒤에 남아 있는 증상'을 일컫지요. 그런데 이 단어를 '휴유증'이라 말하고 쓰는 사람도 꽤 있습니다.

• 상쇄相殺: 서로 상相, 감할 쇄殺. '서로에게 상반되는 영향을 주어 효과나 효력이 없어지는 것'을 의미합니다. '상세하다' '상세시키다'라고 발음하지는 않았나요?

• 별고別故: 특별 별別, 일 고故. '별일, 별탈'의 뜻으로 "요새 별고 없으신지요?" 등 안부를 물을 때 사용합니다. "별 거 없냐" 묻고 있지는 않은가요?

앞서 말한 우리말의 특이한 음운 현상 때문이기도 하지만 근본적으로는 한자 교육을 제대로 하지 않아서가 아닐까, 안타까움이 좀 듭니다. 한자어는 한자로 익혀야 이런 터무니없는 실수를 하지 않게 됩니다. 한자로 공부한 사람은 누가 어떻게 발음을 하든 바르게 쓰지만 그렇지 않은 사람은 들리는 대로 씁니다. 다른 무엇보다 '우리말을 정확하게 말하고 쓰기 위해' 한자를 제대로 익혀야 합니다.

# 우리는 의형제를 맺기로 했습니다

## 옳을 의義 형 형兄 아우 제弟

의형제는 의리로 맺은 형제 또는 아버지나 어머니가 다른 형제라는 뜻으로 씁니다.

혈연관계가 아닌 유비, 관우, 장비 세 사람이 도원결의桃園結義한 이야기가 의형제의 대표적인 사례입니다. 그런데 원래 의형제는 우리가 쓰는 결의형제結義兄弟, 즉 '의리로 맺은 형제'가 아닙니다. 의형제의 의義는 '의리'라는 뜻이 아닙니다. 대체 이게 무슨 말이냐고요?

1716년 청나라 강희제의 명에 의해 간행한 《강희자전》은 중국 최대 자전입니다. 우리나라 최초 자전인 《신자전》도 이

를 기초로 만들었고요. 《강희자전》에서는 의義를 다음과 같
이 설명하고 있습니다.

"自外而入, 非正者曰義. 義父, 義兒, 義兄弟. 是也."

(밖으로부터 들어와 정식이 아닌 것을 '의'라 한다. 의부, 의아, 의형제
가 이것이다.)

즉 '의'는 원래 내 것이 아니라 밖에서 들어온 것이라는 말
입니다. 1947년 간행한 《사해》에서도 이와 비슷한 설명을
합니다. "밖이다. 자신으로부터 나온 것이 아니다 外也. 不
從己身所出也"라고 하면서 의부義父, 의자義子, 의형제義
兄弟, 의갑義甲, 의수義手, 의족義足, 의치義齒를 그 예로
들었습니다.

다시 말하자면, 의수, 의족, 의치의 '의'는 '의롭다'는 뜻이
아니라 '내 것이 아닌데 외부로부터 들어온'이라는 뜻입니다.
의갑은 '가야금을 연주할 때 손가락 끝에 끼는 골무'로 여기
서 갑甲은 '손톱'을 뜻합니다. 이것들은 원래 내 몸에 있었던
것들이 아닙니다. 잘 알다시피 의치[틀니]도 그렇지요?

우리나라 사전에서는 의를 설명하면서 "실물의 대용代用을 하는 것"(민중서관) 또는 "해 넣다. 실물을 대신하여 만들어 맞추다"(두산동아)라고 풀이하고 있습니다. 최근 중국 사전에는 의를 '인공人工으로 제조한'으로, 일본에서는 '入れる'라고 했습니다. 이는 모두 '외부로부터 들어온 것'이라는 《강희자전》의 뜻풀이를 따른 겁니다.

우리나라에서 의부義父는 의붓아버지, '어머니가 재혼하여 생긴 아버지'로 흔히 씁니다. 또는 '의로 맺은 아버지'라고도 씁니다. 영어로 'step father'라 하고요. 그러나 중국에서 의부는 배인拜認(bài rèn: 일정한 의식을 차리어 모시다)의 과정으로 관계를 맺은 아버지입니다. 영어로 'adoptive father'인데, 원뜻에 가깝습니다.

의형제는 '아버지나 어머니가 다른 형제'가 원뜻이었으나 이제는 '의리로 맺은 형제'로 더 많이 쓰고 있으니 도리 없이 이복형제異腹兄弟, 즉 '배다른 형제'라는 말로 대체되고 원뜻은 없어졌습니다.

옛날에 여성이 머리에 얹던 가짜 머리인 가계假髻를 '의계義髻'라고도 했습니다. 그러고 보니 가발假髮도 '의발義

髮'인 셈이네요. 내 것이 아니어서 '의'를 쓰겠지만, 가발을 쓰는 사람에게는 아주 '으으~리'가 있는 고마운 물건임에 틀림없습니다.

한자어는 한자로 익혀야 터무니없는 실수를 하지 않게 됩니다.
한자로 공부한 사람은 누가 어떻게 발음을 하든 바르게 쓰지만
그렇지 않은 사람은 들리는 대로 씁니다.
다른 무엇보다 우리말을 정확하게 말하고 쓰기 위해
한자를 제대로 익혀야 합니다.

# 오늘은 특별한 날이니 **만찬**을 즐겨요

저녁 **만晚** 음식 **찬餐**

한자 그대로 풀이하면 만찬晚餐은 '저녁 식사'와 같은 뜻입니다. 그러나 대체로 공식적인 자리에서 격식을 갖추어 잘 차려놓은 음식을 이릅니다. 만찬과 저녁 식사가 같은 뜻이라고 해서 이 둘을 뒤섞어 써서는 안 될 것 같습니다.

어떤 사람이 "오늘은 우리 집에서 만찬이나 하자"라고 저녁 초대를 했습니다. 그냥 밥 한 끼 먹자는 게 아니라 좀 특별한 날인가, 싶어 초대받은 사람은 내심 기대를 했나 봅니다. 그래서 옷도 멀끔하게 차려입고 갔는데…… 상에 오른 건 배춧국에 고등어 한 토막. 물론 맛있게 식사하고 즐겁게 시간을 보내다 왔지만 "저녁 식사 하자"라고 말했다면 괜한 기대는 하지 않았을 텐데요.

이렇듯 언어라는 것이 참 묘합니다. 같은 의미임에도, 어휘에 따라 느낌이 사뭇 다릅니다. 다른 단어도 한번 살펴보겠습니다. '사골국' 종종 드시지요? 겨울이 다가올 때나 몸이 허하고 기력이 달릴 때 한 번씩 커다란 솥에 끓여 먹곤 합니다. 사골국은 '四骨국'(소의 네 다리뼈로 끓인 국)이라고 쓰는데요, 개인적인 생각인지는 모르겠으나 사골국은 한자어보다 한글로 써야 훨씬 그럴듯해 보이는 단어 같습니다. 한글 '사골국'은 뽀얀 국물이 끓고 있는 느낌이 드는데 한자어 '四骨국'은 뭔가 허전해 보입니다. 한자어라고 다 그럴듯하게 보이는 것은 아닌 것 같습니다.

# 조선왕조실록에
# UFO가 출현한 기록이 있어요

**나올 출出 나타날 현現**

'없던 것이 나타나 드러남'을 뜻하는 단어, 출현에 대해 이야기해보겠습니다. 출出은 '안으로부터 밖으로 나옴'입니다. 대표적인 단어로 '집에서 밖으로 나감'을 뜻하는 외출外出이 있겠지요? 또 '해가 돋음(떠오름)'을 뜻하는 일출日出도 있고요.

현現은 '지금'이라는 뜻으로 많이 쓰는데 현재現在, 현직現職 등의 단어가 있습니다. 또한 '나타나다'는 뜻으로도 쓰입니다. 예를 들어 현몽現夢은 '꿈에 나타남'이고 발현發現은 '밖으로 나타나게 함'을 의미합니다.

출현을 [출/현]이라고 글자 그대로 또박또박 발음하는 사람은 없을 겁니다. 대개 '추련'이나 '출연' 정도로 발음하지요. 출현의 정확한 글자를 모르는 사람은 들리는 대로 쓰게 되는 일이 생깁니다. 그리고 그런 일은 의외로 자주 일어나고 있습니다.

오래전 텔레비전을 보다가 '벌떼 출연'이라는 자막에 저도 모르게 한숨이 나왔습니다. 그러다 문득 '정말 곤충 드라마를 하는 거 아닐까?' '벌떼의 출연료는 얼마큼이려나?' '토종벌보다 말벌은 출연료를 더 받겠지?' '출연료는 설탕으로 셈하나?' 터무니없는 상상까지 해보았습니다. 그것도 저녁 9시 정규 뉴스였습니다. 내용인즉 '요사이 말벌 떼가 많이 나타난다'는 것이었습니다. 벌떼 출연出演이 아니라 '벌떼 출현出現'이라고 써야 바르겠지요.

그로부터 몇 년이 지나 같은 방송국에서 두 차례나 또다시 '벌떼 출연'이라는 자막을 띄워놓고 방송을 하더군요. 말벌을 그렇게도 출연시키고 싶은가 봅니다. 말벌과 무슨 악연이 있어서 저러나 싶었습니다. 거의 상습적이라고 하겠습니다.

또 다른 프로그램에서는 역대급 게스트가 등장한다면서 '영화배우 A 다음 주 출현!'이라고 대문짝만한 자막을 화면에 띄웠습니다. 이번에는 출연出演을 출현出現으로 잘못 쓴 것입니다. 이 말을 곧이곧대로 해석하면, 마치 두더지 게임에서 두더지가 머리를 불쑥 내밀듯 '출연 섭외도 없이 어디선가 연예인이 불쑥 튀어나왔다'는 의미가 되는 셈입니다.

그런데 정말 불쑥 튀어나온 것은 따로 있었습니다. 조선시대에 UFO가 나타난 사건인데요, 《조선왕조실록》에 따르면 광해군 1년(1609년) 9월 25일, 강원도 관찰사가 조정에 보고서를 올렸습니다. 8월 25일 간성, 원주, 강릉, 춘천, 양양 등지에서 목격한 '괴비행물체'에 관한 것이었습니다. 나타난 시간은 간성, 원주, 강릉은 사시巳時(오전 9시~11시), 춘천은 오시午時(11시~13시), 양양은 미시未時(13시~15시)였다고 합니다. 오전 9시 무렵부터 오후 3시경까지 여섯 시간 동안 강원도 일대에 출현한 겁니다.

모두 구름 한 점 없는 푸른 하늘에 '천둥 같은 큰 소리'가 나거나 '천지를 진동하는 요란한 소리'를 내면서 나타났는데, 모양은 '큰 호리병 같은데 위는 뾰족하고 아래는 컸거나' '큰 동이 같거나' '세숫대야처럼 생겼는데 둥글고 빛이 나는' 것이었다고 기록했습니다. 빠르기는 화살 같았고 화광火光이 일어났으며 사라질 때는 '천둥소리가 천지를 진동'하거나 '불처럼 생긴 것이 점차 소멸되었다'고 합니다.

8월 25일 같은 날 평안도 선천에도 "오시에 날이 맑게 개어 구름조차 없었는데, 동쪽 하늘 끝에서 갑자기 포를 쏘는 소리가 나더니 불덩이가 하늘가로 떨어져 순식간에 사라졌다. 불덩이가 지나간 곳은 하늘의 문이 활짝 열려 폭포와 같은 형상이었다"고 했습니다. 괴비행물체가 같은 날 강원도 동쪽에서 평안도 서쪽까지 간 것입니다. 참고로 이 기록은 드라마 〈별에서 온 그대〉의 모티브가 되었다고 합니다.

400여 년 전 UFO는 무슨 이유로 한반도에 출현했던 걸까요? 터무니없지만 즐거운 상상을 또다시 펼쳐봅니다.

# 왜 미국을 米國이라 부르나요?

쌀 **미米** 나라 **국國**

    미국美國이라는 명칭은 한 번쯤 정리할 필요가 있습니다. 복잡하기도 하고 잘못된 사실도 있기 때문입니다.

    이탈리아의 예수회 선교사 마테오 리치(중국 이름 이마두, 1552~1610)는 1602년 북경에서 《곤여만국전도》라는 세계 지도책을 간행했는데 처음으로 미국을 '아묵리가亞墨利加'라고 표기했습니다. America의 음차音借입니다.

    그 후 18세기 미국 사람, 아니 정확히 '아메리카 사람'을 처음 만난 광동인은 배에 걸려 있는 깃발을 보고 참신한 느낌을 받습니다. '많은 별과 홍남백 3색'으로 된 깃발을 꽃처럼 아름답게 여겨 화기花旗라 하고 그 나라를 화기국花旗 國이라 했지요. 지금도 미국 등 북미에서 생산된 인삼을 화 기삼花旗蔘이라 하고, 중화권에서는 'Citibank'를 화기은행 花旗銀行이라 하는데 여기에 연유합니다.

광동인이 처음 아메리카 사람을 만나 보니 자기 나라를 'America'라고 하는데 'A'는 약모음이라 잘 들리지 않고 'merica' 만 들려 米利堅(미리견)이라 표기했습니다. 광동어로 米利堅 은 '마이 레이 낀(mai lei gin)'입니다. 1842년 출간된 세계지리서 《해국도지》에는 미국을 미리견彌利堅으로 표기했습니다. 이 책은 1854년 일본에서도 출판하는데, 이때 彌의 획이 복잡하 다 하여 米로 바꾸었고, 일본은 米利堅의 영향으로 米國이라 했다고도 합니다.

19세기 미국에 대한 표기는 米利堅(미리견), 美利堅(미리 견), 咪唎堅(미리견), 米利幹(미리간) 등 다양했습니다. 아편전 쟁 후 청나라는 1844년 마카오 망하촌에서 미국과 최초의 통상조약인 '망하조약'을 맺는데, 미국을 '아미리가주 대합 중국亞美理駕洲 大合衆國'이라 하고 1858년 천진조약에서 는 '대아미리가 합중국大亞美理駕 合衆國'이라 했습니다.

또 '미리견 합중국美利堅 合衆國'이라고도 했는데 米 대신 美를 쓴 것은 외교상 상대국에 대한 존중의 의미겠지요? 1901년 신축조약 때 미국을 대미국大美國, 자신은 대청조 大淸朝라 하고 조약을 맺었는데, 이때부터 美國이란 명칭이 일반화된 것 같습니다.

그렇다면 우리나라는 어떠했을까요?

1853년 부산 앞바다에 이양선異樣船(모양이 다른 배) 한 척이 표류해오자 조선 관원들이 배에 올라 이것저것 조사를 합니다. 철종 4년 1월 6일,《일성록》의 기록을 살펴도록 하겠습니다.

"그들의 글씨는 구름 같기도 하고[如雲], 그림 같기도 하고[如畵], 꼬불꼬불 전서도 아니고[非篆], 언문도 아니어서 [非諺] 전혀 모르겠는데, 그들은 자꾸 자기들이 타고 온 배와 자신들을 가리키며 '며리계旀里界, 며리계'라고 하였습니다."

며리계도 A가 약한 'merica'를 들리는 대로 표기한 것인

데, 우리가 처음 접한 America 사람이며 며리계는 최초의
미국 명칭입니다. 그 후 고종 때는 전부터 쓰던 花旗國과 함
께 米利堅, 美利堅을 혼용했습니다.

추사 김정희는 米利堅이라 했고, 환재 박규수, 면우 곽종
석, 소호당 김택영 등은 美利堅이라 했습니다. 시대가 흐를
수록 美利堅으로 썼던 것 같습니다.

일본은 한 번도 美利堅이라 하지 않고 시종일관 米利堅을
고수하다가 1871년 米國이라 합니다. 米利堅의 영향도 있
었을 것이고, 일반적으로 쓰던 亞美利加를 굳이 亞米利
加라 고집하면서 米國이라 했습니다. 일본이 米國이라 한
이유는 '미국과 각종 불평등 조약을 맺게 되면서 적개심에
서 그랬다'고도 하고, '제국주의 야망 때문에 미국을 잠재적
인 경쟁 상대국이라 생각하여 얕잡아 그랬다'고도 합니다.
아무튼 米國이라 한 것은 정치적 의도가 분명해 보입니다.

장개석은 1934년 여산군관학교에서 "왜 일본이 米國이라
하는지 아는가? 米는 쌀이니 사람이 늘 먹는 것이다. 그래
서 미국을 먹어버리겠다는 강한 의지로 米國이라고 한 것이
다"라고 했는데 과장이 좀 심하지요. 예나 지금이나 정치인

들은 '빅마우스(bigmouth)'인가 봅니다.

1854년 미일수교 때 亞墨利加 合衆國이라 했고, 1859년 통상조약 때 日米修好通商條約이라고 했던 일본이 전후 미국과의 협정에서 단 한 번도 米國이라 하지 않고 'アメリカ合衆國'이라 합니다. 스스로 米라고 한 이유를 커밍아웃(coming-out) 한 셈이니 한편으로는 얍삽하다는 생각도 듭니다.

일제 강점기 때 일본이 米國이라 쓰니 우리도 어쩔 수 없이 따라 쓰게 됩니다. 〈동아일보〉는 1920년 창간 때부터 1937년 폐간 때까지 米國이라 썼다가 해방 후 1945년 12월 1일 복간하면서 美國으로 쓰기 시작했습니다. 조선총독부 기관지가 된 〈매일신보〉 1920년 광고란에 '미리견 양화행美利堅 洋靴行(미국 구두 가게)'이 있는데 美利堅이라 쓴 것이 재미있습니다.

누군가는, 미국을 칭하는 데 왜 '아름답다'는 뜻의 한자 美를 쓰느냐고 시비를 합니다. 그러나 美國은 한자문화권 국가에서 공식적으로 쓰는 단순한 호칭에 불과합니다. 잉글랜드(England)를 英國이라 부르듯이요. 美로 썼건 米로 썼건 모두 America의 'me'를 음차한 것입니다. 美國이라 해서 누구

도 '아름다운 나라'라고 생각하지 않고 米國이라 해서 누구
도 쌀을 떠올리며 얕잡아 보지 않을 겁니다.

일상에서 길어 올린 언어의 참뜻을 살펴봅시다.
한자의 세계는 알면 알수록 놀랍고 신비하거든요.

# 3장 발견의 한자어

# 도수 치료를
# 받으시는 것이 좋겠습니다

맨 **도徒** 손 **수手**

허리나 어깨 통증으로 정형외과에 가면 도수 치료를 권합니다. 낯선 말을 듣고 나니 괜스레 심각해지기도 했을 겁니다. '내 몸 상태가 많이 안 좋나?' '고가의 치료는 아닐까?' 걱정된 적도 있었나요?

도徒는 공空과 같은 뜻으로 '아무것도 없음'입니다. 따라서 도수徒手는 '맨손'이며 도보徒步는 '어떤 것도 타지 않고 걸어감'을 뜻하지요. 어릴 적 학교 다닐 때 선생님께서 맨손 체조라 하지 않고 '도수 체조'라고 하셨던 기억이 납니다.

도수 치료나 맨손 치료나 같은 뜻입니다. 도수 치료를 한자로 써놓은 병원은 아직까지 본 적이 없습니다. 물론 써놓았더라도 뜻을 아는 사람은 많지 않을 겁니다. 만약 한쪽 치료실은 도수 치료라고 써 있고, 다른 치료실은 맨손 치료라 써 있다면 사람들은 어느 쪽으로 들어갈까요?

도수 치료라 써놓은 치료실로 많이 들어가지 않을까 싶습니다. 도수 치료는 왠지 고도의 기법이 있을 듯한 느낌인데 맨손 치료는 그냥 손으로 주무를 것 같습니다. 괜한 돈 쓰느니 집에 가서 가족에게 주물러 달라고 하는 게 차라리 낫겠다는 생각이 들지 모르겠습니다. 도수 치료가 맨손 치료였군요. 어쩐지 이제나저제나 기다렸는데 끝내 손으로만 하더라니…….

# 정말 불후의 명곡이라니까요

세상에 썩지 않는 것은 많습니다. 먼저 플라스틱이 떠오르고, 미라도 떠오릅니다. 그런데 불후不朽는 단순히 '물질적으로 썩지 않는 것'을 뜻하지는 않습니다. 불후의 명곡처럼 사람의 기억 속에서 영원히 없어지지 않고 남아 있는, 영원불멸永遠不滅입니다. '썩지 아니함, 그 가치가 영원토록 변하지 않거나 없어지지 아니함'을 뜻하는 단어, 불후입니다.

후朽는 '썩다, 쇠하다'라는 뜻의 한자입니다. 자주 쓰는 단어로는 노후老朽가 있습니다. 노후화老朽化, 노후 차량老朽車輛 등 '오래되고 쇠함(낡음)'을 의미하지요. 참고로 낙

120

후落後는 '뒤 후後' 자를 씁니다. '수준이 일정한 기준에 미치지 못하고 뒤떨어짐'을 이르는 단어입니다.

불후의 명곡처럼, 세월이 지나도 변치 않고 이어지는 고전을 생각하면 단연 공자를 떠올리게 되는데요. 공자와 얽힌 흥미로운 일화가 있어 소개해봅니다. 어느 날 공자는 제자 재여가 낮잠 자는 모습을 보고 "썩은 나무는 조각할 수 없고, 더러운 흙으로 쌓은 담장은 흙손질할 수가 없다宰子晝寢, 子曰 朽木, 不可雕也. 糞土之墻, 不可杇也"라며 호되게 나무랐다고 합니다. 여기에서도 제임스 레그의 영역으로 한 번 더 살펴보겠습니다.

宰子 being asleep during the daytime, Master said, "Rotten wood can not be carved, a wall of dirty earth will not receive the trowel". – James Legge

낮잠 좀 잤다고 저리 호되게 나무라나 싶은 생각도 듭니다. 저만 이런 생각을 하는 건 아닌 듯합니다. 아무래도 공자의 인품을 생각할 때 좀처럼 수긍이 안 가니까요. 그래서 어떤 사람은 '낮 주晝'와 글자 모양이 비슷한 '책 서書'를 잘못 쓴 것이라 주장합니다. 낮잠[晝寢(주침)]이 아니라 책을 베고 자서[書寢(서침)] 호되게 꾸지람을 받은 것이라고요.

종이 책이 없던 시절이니 대나무로 만든 죽간을 둘둘 말아서 베고 누웠다는 건데…… '낮'에 잠을 자나 '책'을 베고 잠을 자나 뭐 그리 혼낼 일인가 싶습니다. '썩은 나무' 운운하며 크게 야단맞을 일은 아닌 듯해서 말입니다.

아마 재여가 전부터 계속 잘못을 저질렀던 게 아닐까 짐작해보았습니다. 두고 보다가 그 일로 인해 크게 나무란 게 아닐는지……. 공자도 사람이니까요.

# 대각선 횡단보도를 늘리면 좋겠어요

## 마주볼 대對 모 각角 줄 선線

이웃하지 않는 두 꼭짓점을 잇는 선을 대각선對角線이라고 합니다. 대對는 '대답하다'라는 뜻으로 응답應答이며, '마주 보다'라는 뜻으로 대면對面, 대담對談, 대치對峙 등이 있습니다. 각角은 '뿔'이라는 뜻과 '모'라는 뜻으로 쓰입니다. 한 예로 교각살우矯角殺牛는 '소의 뿔을 바로잡으려다 소를 죽임'을 의미합니다. '모'라는 뜻으로는 삼각三角, 사각四角 등에 쓰이지요.

대각선을 우리말로 '맞모금'이라 하는데, 들어본 적 있나요? 잘 쓰이진 않지만 정감이 가는 좋은 말이라고 생각합니다. '맞'은 마주 대하다, '모'는 각, '금'은 그은 자국을 뜻합니다.

해마다 신입생들이 들어오면 "대각선의 뜻을 아느냐?"고 묻습니다. 사실 대각선을 모르는 사람이 어디 있겠습니까? 몇몇이 호기롭게 손을 들고 일어나는데 막상 설명하려 하니 답답한 모양인지 얼버무리다 얼굴이 벌게지기도 합니다. 그리고는 아무래도 말로는 힘든지 손으로 허공에 빗금을 긋는 학생도 있습니다.

여러분도 한번 해보세요, 대각선에 대해 설명하기가 생각보다 쉽지 않을 겁니다. 이러한 현상은 우리나라 초등학교 어휘 교육의 문제입니다. 초등학교 어휘 교육은 '한글 단어'와 '단어의 사전적 뜻'을 암기하는 방식입니다. 예컨대, 대각선은 '이웃하지 않는 두 꼭짓점을 잇는 선'으로 주입식으로 외우는 것이지요.

누차 이야기하지만 한자어는 한자로 익히는 것이 효율적입니다. 대각선을 '마주 보다[對], 모[角], 줄[線]'로 익힌 학생은 주저 없이 "마주 보고 있는 각 또는 모를 잇는 줄입니다"라고 대답하지 않았을까요? 그렇다고 대각선을 한자로 쓸 줄 알아야 할 이유는 없습니다. 더구나 강요할 일도 아 닙니다. 그건 오로지 개인의 몫이니까요.

# 기후와 **환경**에 대해 생각할 때입니다

두를 **환環** 상황 **경境**

앞서 말했듯 단어의 뜻은 알지만 막상 설명하려면 쉽지 않은 단어들이 제법 됩니다. 환경도 그 대표적인 경우라 볼 수 있습니다. 환경이 무엇을 의미하는 말인지 모르는 사람은 거의 없을 테지만 그 뜻을 정확히 말하려면 왠지 애매해지는 기분입니다. '생물에게 직접·간접으로 영향을 주는 자연적 조건이나 사회적 상황' '생활하는 주위의 상태'라고 외우기 전에, 한자어를 먼저 살펴보도록 할까요?

환環은 '고리, 두르다'라는 뜻입니다. 화환花環을 생각하면 간단합니다. 둥글게 만들어 목에 두르는 꽃다발, 다들 아시지요? 경境은 '상황, 처지'를 뜻합니다. 그러므로 환경은 '나(우리)를 빙 둘러싸고 있는 상황'입니다. 어떠십니까? 단어의 의미가 좀 더 쉽게 다가오지 않나요?

또 다른 단어도 몇몇 알아보겠습니다. 파충류爬蟲類는 어떤 동물을 일컫는 말일까요? 국어사전에 파충류를 찾아보면 '척추동물문의 한 강綱. 땅 위에 살며 피부는 각질의 비늘로 덮여 있음'이라 나옵니다. 한자를 보면 '파爬'는 기다, '충蟲'은 벌레 또는 동물의 통칭, '류類'는 무리를 뜻합니다. 즉, 파충류는 '기어 다니는 동물 무리'입니다.

양서류兩棲類도 마찬가지입니다. '척추동물문의 한 강綱. 새끼 때는 민물 속에서 아가미로 호흡하고 자라면 폐가 생겨 뭍에서도 살 수 있는 동물'이라 익히도록 하는데요, 어렵습니다. '양兩'은 둘이라는 뜻이고, '서棲'는 살다, '류類'는 무리를 뜻하니, 양서류는 '(물과 뭍) 두 곳에서 사는 무리'라고 설명하는 게 훨씬 쉽고 좋지 않나요?

영화 〈늑대와 함께 춤을〉을 보면 인디언들이 야생 늑대와 어울려 노는 백인 군인을 '늑대와 함께 춤을'이라 명명합니다. 그 배경을 모르면 저 사람을 왜 '늑대와 함께 춤을'이라 하는지 감도 잡히지 않습니다.

한자어도 이와 같습니다. 한자 뜻을 모르면 단어의 의미를 제대로 유추할 수 없습니다. 한자의 뜻, 즉 단어의 배경을 알면 좀 더 빠르고 쉽게 이해하고 오래도록 기억할 수 있겠지요.

초등학교 어휘 교육은
'한글 단어'와 '단어의 사전적 뜻'을 암기하는 방식입니다.
한자어는 한자로 익히는 것이 효율적입니다.
그렇다고 한자로 쓸 줄 알아야 할 이유는 없습니다.
강요할 일도 아닙니다. 그건 오로지 개인의 몫이니까요.

# 역사에 길이 남을
# 금자탑을 쌓았습니다

## 쇠 금金 글자 자字 탑 탑塔

피라미드(pyramid), 후세에 남을 뛰어난 업적을 가리키는 말입니다. 이를 금자탑金字塔이라고 합니다. 피라미드의 세모꼴 모양이 金 자와 모양이 비슷해서 금자탑이라 이릅니다. 피라미드는 거대한 건축물이자 인류의 찬란한 업적이지요. 따라서 금자탑은 '후세에까지 빛날 업적'이라는 의미로도 쓰입니다.

금金은 '쇠'의 뜻으로 금석金石입니다. 금의 뜻으로는 금박金箔, 금과옥조金科玉條(금이나 옥처럼 귀중히 받들어야 할 규범), 금지옥엽金枝玉葉(금으로 된 나뭇가지와 옥으로 된 잎이란 뜻으로 아주 귀한 자손) 등의 단어가 있지요. '금빛'을 의미하는 금발金髮도 있고요. '돈'을 의미할 때는 금고金庫, 금리金利, 일확천금一攫千金(한꺼번에 많은 돈을 얻다)으로 쓰입니다.

금자탑에 대해 이야기했으니 연이어 떠오른 단어, 상아탑象牙塔도 알아볼까요? 상아탑은 《구약》 '아가' 7장 4절에 처음 나옵니다. 솔로몬이 술람미라는 여인에게 바친 사랑의 노래에 '당신의 목은 상아로 만든 탑과 같다(Your neck is like an ivory tower)'라고 여인의 아름다운 목을 찬미했습니다.

그 후 19세기 프랑스 비평가 생트 뵈브가 시인 알프레드 드 비니를 일컬어 "상아탑에 틀어박히다"라고 말했습니다. 속세를 떠나 예술과 학문만을 생각하는 자세를 비평한 것입니다. 훗날 '속세를 떠나 정적이고 고고함을 즐기는 경지'를 대학교에 비유하게 되었습니다. 과연 그런가요? 동의해줄 사람이 많지 않을 것 같습니다.

한때 '대학은 상아탑이다'라는 말을 비꼬아 우골탑牛骨塔이라고 부른 적이 있습니다. '소의 뼈로 만든 탑'이라는 건데요, 시골에서 부모님이 소 팔아 등록금을 보내주는 경우가 많아 이를 풍자한 것입니다. 요즘은 어떠한가요?

2020년, 코로나19로 모두의 일상생활이 뒤흔들렸습니다. 대학마다 '등록금 환불'이 쟁점이 되기도 했습니다. 1974년 당시 대학생이던 저는 휴교령으로 2학기 내내 학교에 발도 들이지 못했습니다. 컴퓨터는커녕 시험지는 등사기로 밀고, 교환수가 전화를 바꾸어 주던 시대니 온라인 강의는 그야말로 '토끼 뿔, 거북 털'[토각귀모兎角龜毛(세상에 없는 것)]이었습니다. 그냥 놀았습니다.

당시 '등록금 환불'이란 발상은 상상도 못 할 일이었는데, 요즈음 학생들을 보니 '난 참 바보처럼 살았군요'라는 노랫말이 떠오릅니다. 그래도 "상아탑은 세속에 초연해서 붙여진 명칭이니 돈 이야기는 어울리지 않아……"라고 스스로 위안할 수밖에요.

# 자연의 아름다움을 노래한
# 작품이 많아요

<br>

## 저절로 자自 그러할 연然

  사람의 힘이 더해지지 아니하고 저절로 그렇게 된 것이 자연自然입니다. 인공人工이 가해지지 않음을 의미합니다. 인위적인 힘이 가해지지 않은, 본래부터 그러한 것이지요. 저 산과 강을 누가 만들었나요? 아주아주 오래전부터 저절로 그렇게 그 자리에 있었고 지금까지도 그 자리에 그대로 있습니다.

  자自는 '스스로'의 뜻으로도 쓰는데 자립自立, 자율自律 등 많은 예를 찾을 수 있습니다. 그러나 자연에서의 '자'는 스스로보다 '저절로'란 뜻입니다. 연然의 윗부분 月 모양은

'고기 육肉'이며 옆에 '개 견犬'이 있고 아래는 '불 화火'입니다. 즉 '개고기를 불에 태우는 것'을 본뜬 글자이지요. 연然은 본래 '타다'라는 뜻이었는데 후대로 내려올수록 '그러하다'는 뜻으로 많이 쓰이게 됩니다. 그러자 할 수 없이 然 앞에 火를 더하여 '타다'는 뜻의 연燃 자를 따로 만들었습니다. 어쩔 수 없는 고육책苦肉策인 셈입니다. 우리가 많이 쓰는 연비燃費, 연소燃燒, 가연성可燃性 등의 단어가 있겠군요.

그럼 자연과 천연은 어떻게 다를까요?

천연天然도 천연 요새, 천연 사이다, 천연 비누 등으로 사람의 힘을 가하지 않은 상태를 가리킬 때 많이 쓰는 단어입니다. 인공, 인조人造가 상대 글자이니 자연과 의미가 같습니다. 의미는 같은데, 대체 뭐가 다를까요?

천연은 '자연이 만든(산생産生) 것'이라는 뜻입니다. 자연 속에서 이루어진 것이 천연이니, 그 격이 다르다고 볼 수 있겠지요?

또 호랑이 담배 피던 시절……처럼 까마득한 오래전 일입니다. 제가 중학교 다닐 적인데요, 왼쪽 가슴에 종이 표어를 둘둘 접어 넣은 작은 비닐 주머니를 달고 다녔습니다. 간

첩신고, 불조심 등 일일이 기억할 수도 없습니다. 지금 생각하면 웃음도 나오지 않습니다. 그런 세상에서 살았다니 새삼 신기할 뿐이지요.

당시 소방서 앞에는 '불조심 강조 주간'이라 하면서 '自 ○○○○年 ○月 ○日~至 ○○○○年 ○月 ○日'이라 쓴 표지판이 세워져 있었습니다. 이때 자自는 '~부터'를 뜻하고 지至는 '~까지'를 의미합니다. 자초지종自初至終(처음부터 끝까지), 등고자비登高自卑(높은 곳에 오르려면 낮은 곳부터), 자고이래自古以來(옛날부터 내려오면서)가 그 예입니다.

# 장족의 발전을 이루었구나

긴 **장長** 발 **족足**

하나의 한자가 여러 갈래의 뜻으로 확장되는 경우가 있습니다. 장長이 바로 그 대표적인 예라고 볼 수 있습니다. 첫째, '길다'라는 뜻이 있습니다. 장구長久, 장수長壽, 장화長靴 등으로 씁니다. 둘째, '어른이나 우두머리'를 일컫습니다. 가장家長, 회장會長, 교장校長 등의 단어가 그것입니다. 셋째, '자라다'라는 뜻도 있습니다. 성장成長, 장성長成, 생장生長 등 익숙한 단어들이지요?

족足은 복숭아뼈 아랫부분으로 발(foot)과 다리(leg) 모두 씁니다. 장족은 한자 그대로 풀이하면 긴 다리를 뜻하는데,

발전이나 진행이 매우 빠름을 이르는 단어입니다. '장족의 발전'은 보폭이 아주 넓은 모양을 형용한 것으로 '매우 빠르게 발전함'을 비유적으로 일컫는 것입니다. 황새의 긴 다리처럼 성큼성큼 걸어가니 속도도 빠르고 가는 거리도 멉니다. '롱(long)다리'의 위력입니다.

의미의 확장성 덕분인지 장長이 쓰이는 단어들도 그 뜻이 여러 가지입니다. 먼저 파장波長을 살펴보도록 하겠습니다. 'wavelength'의 번역어인데요, 여기서 장은 '길이'의 의미입니다. 키를 이르는 신장身長도 있겠고요. 파장은 '파동의 마루에서 다음 마루까지의 거리' 또는 '충격적인 일이 끼치는 영향'의 뜻으로 씁니다. "그 사건은 미묘한 파장을 불러일으켰다"라는 표현, 낯설지 않을 겁니다.

조장助長은 《맹자》에 나오는 성어입니다. '벼가 더디 자라자 잘 자라게 하려고 손으로 벼를 살살 뽑아 올려준 이야기'에서 유래합니다. 잘하려고 한 일인데 결국 다 죽이고 말았습니다. 이렇듯 조장은 '성장[長]을 돕는다[助]'는 뜻이지만 긍정적인 의미로 쓰지 않습니다. '바람직하지 않은 일을 더 심해지도록 부추김'이라는 뜻이지요. '사교육을 조장하다'처럼 부정적인 의미에 쓰며 보통 "조장하지 마세요"라고 말합니다. 무슨 일이든 조장을 하면 벼가 죽듯이 그 폐해가 말할 수 없을 정도로 커집니다.

# 그야말로 **초미**의 관심사입니다

탈 **초焦** 눈썹 **미眉**

초미焦眉는 '눈썹에 불이 붙었다, 눈썹이 타다'라는 뜻으로 매우 위급함을 의미합니다. 초焦는 '새 추隹'와 '불 화火'를 모아 만든 한자입니다. 불 위에 새를 올려놓았으니 '그을리다, 타다'는 뜻이 됩니다. 미眉는 눈썹의 의미로 두 눈썹 사이를 뜻하는 미간眉間, 양미간兩眉間으로 많이 씁니다.

1980년~1990년대에는 일회용 가스라이터를 많이 썼는데, 주로 업체 홍보용이었습니다. 초기에는 품질이 좋지 않아 켜는 순간 불이 확 오르는 경우가 많았지요. 머리 앞자락을 그을리기도 했습니다. 그런데 만약 눈썹에 불이 붙었다고 생각하면……? 아찔합니다. 생뚱맞게 모나리자가 떠올랐습니다. 얼마나 황급했겠습니까?

볼록렌즈의 초점焦點은 '타는 점'으로 렌즈에 광선이 모이는 점을 말합니다. 그 지점을 통과한 빛으로 사물을 태울 수 있기 때문입니다. 초점은 '관심이나 주의가 집중되는 중심 부분'으로도 쓰입니다. 핵심에서 벗어나려 하는 상황에서 '문제의 초점을 흐리다'라는 표현을 주고받곤 하지요.

또 다른 표현도 살펴보겠습니다. 초토화焦土化는 '불에 타버린 땅으로 됨'으로 불에 타서 잿더미로 덮인 땅이 되었다는 의미입니다. 전란戰亂으로 모든 것이 파괴된 참혹한 현장을 보여주며 "국토가 초토화되었다"라고 한 영상 자료가 생각납니다.

노심초사勞心焦思는 '마음으로 애를 쓰고 속을 태움'을 이릅니다. 노심勞心은 '마음을 수고롭게 함'이며 초사焦思는 '생각(마음, 心思)을 애태움'입니다. '타다'는 뜻에서 '애타다'라는 의미가 확장되었지요. 부모는 자식 때문에 늘 노심초사하는데 자식만 모르는 것 같습니다.

'초조焦燥하다'도 이와 같은 맥락입니다. 불안하거나 애가

타서 마음이 조마조마함을 일컫는 표현입니다. 초焦는 '애태움'이고 조燥는 '목과 입술이 타는 듯이 마름'입니다. 불안하거나 조마조마하면 목과 입술이 바짝바짝 마르지요.

'미'가 들어간 다른 단어도 알아보겠습니다. 여럿 가운데 가장 뛰어난 경우를 일컬을 때 백미白眉라고 합니다. 풀이 그대로 '흰 눈썹'이란 뜻인데, 촉한 때 마씨 오형제가 하나같이 재주가 비상했습니다. 그중에서도 '눈썹이 하얀' 마량馬良이 가장 뛰어났다고 합니다. 그래서 생긴 고사성어입니다. 마량은 제갈량과 친구 사이입니다. 읍참마속泣斬馬謖의 마속이 그의 아우입니다. 그러니 마속을 형장으로 보내는 제갈량의 심정이 어떠했겠습니까.

자, 그렇다면 백미와 군계일학은 같은 뜻일까요, 다른 뜻일까요? 이 둘은 어감이 미묘하게 다릅니다. 군계일학群鷄一鶴은 '많은 것 가운데 뛰어난 것'이고 백미는 '뛰어난 것 가운데서 또 뛰어난 것'을 일컫습니다.

요즈음 '눈썹 문신'을 하는 사람들이 많이 늘었습니다. 백미가 되어야 하는데 자꾸 흑미黑眉가 되려고 애를 쓰네요.

# 갈변된 바나나는
# 오히려 건강에 이롭다니까

갈색 **갈褐** 변할 **변變**

~~~~~~~~~~~~~~~~~~~~~~~~~~~~~~~~~~~~~~~~~~~~~~~~~~~~●

갈변褐變은 말 그대로 '갈색으로 변하는 것'입니다. 갈褐은
원래 베옷인데 '베'가 '갈색'이니, 그 뜻으로 쓰는 것이지요.

사과를 깎아 놔두면 얼마 지나지 않아 갈색을 띱니다. 바
나나도 껍질에 반점이 생기면서 점차 갈색으로 변하기 시작
합니다. 이것이 바로 갈변입니다.

모든 사물은 변합니다. 이 세상에 변하지 않는 것이란 없
습니다. 사람의 마음은 그보다 더 심하지요. 조선 시대 때
대여섯 살 어린이에게 가르치던 한시 가운데 이러한 작품이
있습니다.

人心朝夕變

(사람의 마음은 아침저녁으로 바뀌지만)

山色古今同

(산의 경치는 예나 지금이나 한 가지로다)

인심人心은 이해관계에 따라 이랬다저랬다 바뀌지만 산색山色, 산의 경치는 예나 지금이나 똑같다는 의미입니다. 어린 학동에게 늘 변함없는 자연의 모습을 바라보며 이해관계에 초연한 한결같은 마음과 삶의 자세를 지니라고 일깨워 주었군요. 배울 당시엔 무슨 말인지 제대로 이해하지 못했을지도 모르지만, 서서히 나이가 들면서 어려서 배운 구절을 떠올리고는 그 의미를 체득했을 듯합니다.

군자표변君子豹變이라는 말도 있습니다. '표범이 털갈이하여 무늬가 더 선명하고 아름다워지는 것처럼 군자는 잘못이 있으면 이를 고침이 매우 빠르며 결과가 표범의 무늬처럼 밖으로 뚜렷이 드러난다'는 의미로, 자기 수양을 통해 고매한 인격을 갖추려는 좋은 변화입니다.

지금은 표변豹變만 떼어 '마음과 행동을 하루아침에 싹

바꾸는 지조 없는 짓'을 이릅니다. 돌변突變도 이런 범주이지요. 표변은 결코 사람의 탈을 쓰고 해서는 안 될 짓입니다. 아무리 세상이 빠르게 바뀌고 일상이 바쁘고 삶이 힘들다 하더라도 군자표변의 깊은 뜻을 되새기며 살아야 하지 않을까, 생각해봅니다.

솔직히 말하면, 바나나가 갈변되면 먹질 않았습니다. 썩기 직전까지 놔두다가 버리곤 했는데 오히려 향과 단맛과 영양가가 더 높아진다고 하더군요. 이 세상에 보기 싫게 변해도 좋아지는 것이 있다니, 새삼 깨달음을 얻는 기분이었습니다.

사람도 늙어가면서 노화 현상이 일어납니다. 흰머리와 주름이 늘고 검버섯도 생기죠. 일종의 '갈변'인 셈입니다. 그래도 '인향만리人香萬里(사람의 향기는 만 리를 간다)'처럼 인품과 품격이 넘치는 향기로운 사람이 되면 좋겠습니다.

# 기저질환으로
# 병세가 급속히 나빠졌어요

## 터, 근본 기基 밑 저底

영화나 드라마를 보다 보면 "그 사람 저의가 의심스러워"라는 대사를 종종 접합니다. 저의底意는 마음속 저 밑바닥에 있는 생각, 즉 '아무도 모르는 속에 품은 생각'을 이르는 단어입니다. 이때 저底는 '밑, 바닥'을 뜻합니다. 해저海底, 저력底力(밑바탕의 든든한 힘), 저인망底引網(밑바닥을 끌고 다니는 그물) 등에 쓰지요.

기基는 '토대, 기초'의 뜻으로 기반基盤, 기금基金, 기본基本 등이 있습니다. 따라서 기저基底는 사물의 뿌리나 밑바탕이 되는 기초를 의미합니다.

한자를 곰곰 들여다보면 모양이 비슷한 듯 다른 경우가 무수히 많습니다. 헷갈리지 않으려면 어떻게 해야 하느냐고요? 한자의 모양을 잘 살피면서 뜻을 익혀야 합니다. 한 예로 '底(저)'와 '低(저)'는 음이 같고 모양이 비슷한 글자입니다. 저低는 '낮다'는 뜻으로 저공低空, 저음低音, 저가低價, 저자세低姿勢 등에 씁니다. 상대자가 '高(고)'입니다.

기저질환基底疾患은 어떤 질병의 원인이나 밑바탕이 되는 질병으로 흔히 지병持病이라고 합니다. 고혈압이나 당뇨 등 오랫동안 잘 낫지 않는 병이지요. 한 해 한 해 나이가 들수록 기저질환 없이 건강하게 사는 것이 최고의 행복입니다. 다들 이곳저곳 탈이 나며 살아가니까요. 건강한 몸과 온전한 정신을 지닌 채 한평생 살다 가는 것이 결코 쉬운 일은 아닌 것 같습니다.

# 아직은 미음을 먹어야 한대요

쌀 미米 마실 음飲

간혹 미음米飲을 죽으로 아는 사람들도 있습니다. 이 또한 비슷한 듯 서로 다른데요, 미음은 죽이 아닙니다. 쌀[米]이나 좁쌀을 푹 끓이고 체에 걸러 마실[飲] 수 있게 만든 음식이 미음입니다. 병원에서 죽을 먹는 환자보다 상태가 더 좋지 않은 환자에게 주곤 하지요. 중국에서는 미탕米湯이라고 합니다.

우연하게도 계속 건강과 몸에 대해 이야기하게 되는데요, 병원에서 '음압 병실'이라는 공간을 본 적이 있을 겁니다. 음陰은 '마이너스(minus)'로, 정해진 기준보다 아래를 이를 때 씁니다. 대표적으로 음수陰數는 '0보다 작은 수'이고 양수陽數는 '0보다 큰 수'입니다.

그러니까 음압陰壓은 '대기의 압력보다 낮은 압력 상태'를 말합니다. 공기는 기압이 높은 곳에서 낮은 곳으로 흐르지요. 즉, 음압 병실은 인위적으로 기압을 떨어트린 격리된 병실을 의미합니다. 기압을 낮추어 환자의 병균이나 바이러스가 밖으로 새어나가지 못하도록 만든 겁니다.

바이러스 이야기를 하니 코로나19를 그냥 지나칠 수 없군요. 눈에 보이지 않는 바이러스가 감당할 수 없는 피해를 주고 있습니다. 지구에 사는 모든 이를 공포와 절망의 나락으로 빠뜨렸지요. 가장 절망적인 사실은, 막을 수 있는 마땅한 방법이 아직은 없다는 겁니다.

하도 상황이 답답하니 불쑥 이런 생각까지 들더군요. 처음 바이러스를 퍼뜨린 국가를 '음압 병실' 만들듯 바이러스가 새어 나오지 못하도록 '음압 국가陰壓國家'로 만들었다면 어땠을까, 하고요. 막막한 현실 앞에 이런 허황한 생각이나 해볼밖에요.

# 그럴 겨를 없어요,
# 지금 나도 **오비삼척**인걸요

나 **오줌** 코 **비鼻** 석 **삼三** 자 **척尺**

'내 코가 석 자'라는 말을 들을 때마다 좀 이상하다는 생각을 했습니다. 내 코가 1미터쯤 되었다고 왜 남을 돌볼 겨를이 없을까? 코가 피노키오처럼 커지면 불편이야 하겠지만 남을 돕지 못할 이유는 없을 텐데 말입니다.

의문은 홍만종의 《순오지》와 이덕무의 《열상방언》에 한역속담漢譯俗談 설명을 보면서 비로소 풀렸습니다. 비鼻는 단순히 '코'가 아니라 비체鼻涕, '콧물'이라는 뜻이었습니다.

그제야 제대로 이해되더군요. '내 콧물이 석 자'면 배꼽 근처까지 죽 흘러내릴 텐데 어떻게 남을 도와줄 수 있겠습니까? 콧물이 입술 근처까지만 흘러도 견디기 힘든데 말입니다. 우리 선조의 감각이 참 신선하고 재미있지요? 그렇다고 "내 콧물이 석 자라서"라고 바로잡아 말하면 "생긴 것은 멀쩡한데……"라는 소리를 듣겠지요.

여하튼, 오비삼척吾鼻三尺은 내 사정이 급하여 남을 돌볼 겨를이 없음을 이르는 말입니다. 앞서 보았듯 '비'는 코입니다. 비염鼻炎, 비음鼻音, 이목구비耳目口鼻, 이비인후과耳鼻咽喉科 등의 단어에서 이미 많이 접했을 겁니다.

또 다른 예로, 비조鼻祖라는 말이 있는데요, 이는 시조始祖와 같은 뜻입니다. 중국 책 《양자방언》과 《정자통》에 따르면 "태아는 어머니 자궁에서 코가 가장 먼저 형성이 되므로 '시조'를 '비조'라 한다"라고 했습니다.

따라서 비조는 '맨 처음 조상' 또는 '어떤 학문을 처음 연 사람'을 의미합니다. 개산비조開山鼻祖는 학술, 예술 분야의 개창자를 일컫고요.

척尺은 길이의 단위로 '자'입니다. 한 자一尺는 약 30.3센티미터이니, 삼척三尺은 1미터가 조금 안 됩니다. 삼척동자三尺童子, 구척장신九尺長身, 백척간두百尺竿頭 등에 씁

니다. 월척越尺이라는 단어, 들어보았나요? 월越은 '넘다'
라는 뜻으로 일 척一尺(30.3센티미터)이 넘었다, 즉 '낚은 물고
기의 길이가 한 자를 넘었다'는 뜻입니다.

사람도 늙어가면서 노화 현상이 일어납니다.
흰머리와 주름이 늘고 검버섯도 생기죠. 일종의 '갈변'인 셈입니다.
그래도 '인향만리人香萬里(사람의 향기는 만 리를 간다)'처럼
인품과 품격이 넘치는 향기로운 사람이 되면 좋겠습니다.

# 장충동에
# 족발집 **원조**가 많더라고

**으뜸 원元 조상 조祖**

거리를 지나다 보면 유독 족발집마다 간판에 원조元祖라고 많이 씌어 있습니다. 원조가 가게 이름인 줄 알았다는 사람이 있을 정도니까요. 저마다 원조라고 하니, 누가 까마귀 암수를 정확히 구별할 수 있겠습니까?

원조를 대체할 수 있는 단어가 뭐가 있을까요? 바로 앞에서 살펴본 시조始祖나 비조鼻祖를 쓸 수는 없을까요? 그렇게는 쓰지 않습니다. 시조나 비조는 주로 '겨레, 가문'에 쓰고, 특히 비조는 학술 부문에 많이 쓰기 때문입니다.

'맨 처음'을 뜻하는 단어, 또 없을까요?

곰곰 생각하니 효시嚆矢가 떠오릅니다. '울릴 효嚆, 화살
시矢'의 이 단어는 전쟁 때 공격 개시를 알리려고 적을 향해
쏘았던 첫 번째 화살입니다. 휙 하며 우는 소리가 나는 화
살입니다. 화살이 날아가며 내는 소리를 듣고 공격을 시작
하므로 '맨 처음'이라는 뜻으로 씁니다. "《홍길동전》은 국문
소설의 효시다"라는 문장이 생각납니다.

'사물의 처음이나 기원'을 이르는 남상濫觴이라는 단어도
있습니다. 원조나 효시만큼 익숙하지는 않을 겁니다. 이는
'뜰 람濫, 잔 상觴'으로 양자강과 같은 큰 강도 잔을 띄울 정
도의 적은 물에서 시작된다는 의미입니다.

람濫은 '넘치다'라는 뜻도 있습니다. 따라서 남상을 '잔이
넘치다', 즉 '큰 강도 잔이 넘칠 정도의 적은 물에서 시작됨'
으로 풀이하기도 합니다. 예를 들어 "100여 년 전 이 학교의
설립은 신교육의 남상이었다"라고 할 수 있겠습니다.

사전에 따라 '잔을 띄우다' 또는 '잔이 넘치다'로 등재되어
있지만 일반적으로 원 출전인 《순자》에 쓰인 대로 '잔을 띄
울 정도의 적은 물'로 보통 많이 씁니다.

선조들이 속담을 설렁설렁 만들었을 리 없지요. 경험을

통해 자세하고 세심하게 관찰한 노력이 보입니다.

새 발의 피[鳥足之血]만 보아도 그러합니다. 개 발의 피 또는 소 발의 피라고 하지 않고 '새의 발'에 주목했습니다. 새의 발은 발톱이 있지만 혈관이 없거나 작디작아 아무리 찔러봐야 피가 극소량 나옵니다. 매우 과학적이고 지혜로운 접근이지요?

'닭똥 같은 눈물'도 눈물의 모양이나 크기 등을 볼 때 관찰력이 대단합니다. 어느 하나 대충 지은 것이 없습니다.

몇 해 전, 제자들과 점심으로 새싹 비빔밥을 먹다가 농담으로 "사람들이 좀 잔인하지. 이제 막 땅을 비집고 올라와 살아 보겠다는 새싹을 뜯어 먹고 있으니……" 하고 말했습니다. 그랬더니 맞은편 한 제자가 "그보다 더 잔인한 사람이 있어요"라고 말하더군요. "누군데?" 물었더니 "알밥에 알탕 먹는 사람요!" 이렇게 답해서 한참 웃었던 기억이 떠오릅니다.

# 여기서부터
# 염수분사구간입니다

소금 **염鹽** 물 **수水** 뿜을 **분噴** 쏠 **사射**

고속도로에서 '염수분사구간'이라고 띄어쓰기도 하지 않은 표지판을 본 적이 있을 겁니다. 이 표지의 뜻을 아는 사람이 얼마나 될까요? 의문이 들어 애써 사전을 찾아보는 사람은 또 몇이나 될까요?

- 염수분사구간? 읽을 수 있으나 뜻을 알 수 없나요?
- 鹽水噴射區間? 읽을 수도 없고 뜻도 알 수 없나요?

그러니 읽기라도 하자고 한글로 쓴 것일까요? 함께 알아

156

보지요. 소금물을 세차게 내뿜는 것을 '염수 분사'라고 합니다. 분噴은 '뿜다'라는 뜻으로 분수噴水, 분출噴出, 분무기噴霧器, 분화구噴火口 등에 씁니다. 분사噴射는 뜻 그대로 '쏘듯이 세차게 뿜어냄'입니다.

지난 2005년, 국어기본법을 제정하면서 '한글 전용'을 법으로 정했으므로 모든 공문서는 반드시 한글로 작성해야 합니다. 공공표지도 예외는 아니지요. 그러나 '염수분사구간'을 한글로 썼다고 한글 전용이라고 할 수 있을까요? 표지는 그 의미를 전달하는 것이 목적 아니었나요?

예를 들어 '아이 엠 어 보이'는 영어 발음을 한글로 쓴 것이지, 한글 전용이라고 볼 수는 없습니다. 염수분사구간도 마찬가지예요. 鹽水噴射區間이라는 한자어의 음을 한글로 표기한 것에 불과합니다. 한글 전용이 되려면 '소금물을 세차게 뿜어내는 구간'이라고 써야 하겠지요. 참고로, 구간區間은 해당하는 우리말이 없습니다.

그렇다고 '소금물을 세차게 뿜어내는 구간'이라고 써놓으면 어떻게 될까요? 우선 가독성이 떨어집니다. 눈에 띄자마자 바로 의미를 전달해야 할 표지로도 적절치 않고요.

빌딩 앞에 '출차 주의'라는 낯익은 표지판을 봅니다. 한글 전용은 '차가 나오니 조심하세요'가 되겠지요. 만약 표지를 한글 전용으로 바꾸려면 글자 수가 배로 늘어날 겁니다. 비용이 더 들고 가독성도 떨어질 테지요. 정신 놓고 읽고 있다가 차에 부딪힐지도 모를 일입니다. 한자어는 조어력造語力, 즉 말을 만드는 힘과 가독성이 뛰어나고 무엇보다 경제적입니다.

염수분사구간을 한자로 쓸 줄 알아야 한다고 주장하는 것이 아닙니다. 왜 이 복잡한 글자를 쓸 줄 알아야 합니까? 그러지 않아도 됩니다. 다만, 기본적인 한자 교육은 하지 않고 행정 편의상 한자어를 한글로 일방적으로 써놓은 것이 과연 올바른 정책인지, 그건 한번 진지하게 생각해봐야 하지 않을까요?

재차 말하지만 한자로 된 낱말은 한자를 통해 그 뜻을 익히자는 것이지요. 염鹽은 소금이고 수水는 물이니 염수鹽水는 '소금물'이구나, 정도로 알고 있어도 충분합니다.

우리나라 초등학교는 애초부터 한자 교육을 하지 않았습니다. 중·고등학교도 교장 재량과목으로 전락한 지 오래고요. 지난 2006년, 대학 신입생에게 자기 이름을 한자로 써보라고 했더니 60퍼센트만 제대로 썼고, 부모에게 자녀 이름을 한자로 써보라고 했더니 40퍼센트 정도만 썼습니다. 이것이 우리 현실입니다. 그런데 고속도로에 염수분사구간이라니…… 아랍어로 써놔도 모르기는 마찬가지일 겁니다.

# 밤거리가 **불야성**을 이루고 있어요

## 아니 **불不** 밤 **야夜** 성 **성城**

등불이 휘황하게 켜 있어 밤에도 대낮같이 밝은 곳을 불야성不夜城이라고 합니다. 원래 불야성은 중국 제나라 때 있었던 성입니다. 전부터 전해오는 말에 의하면 이곳에는 밤에도 해가 떠서 종일 환했다고 합니다. 그래서 불야성이라 이름을 지은 거지요.

누구는 이 성이 산동성 문등현 동북쪽에 있었다고 하며 누구는 동래군 불야현에 있었다고도 하는데, 어차피 알 길은 없습니다. 야구장 야간 경기 조명 시설도 아닐 텐데 오직 그 성 위에만 뜨는 태양이 있었다니, 믿거나 말거나입니다.

잠잠해가던 코로나19에 불을 당긴 것은 불야성을 이룬 도시의 밤거리도 한몫했습니다. 나 한 사람 감염되면 자기 탓을 하면 그만이지만, 자기로 인해 가족과 주변 사람들이 힘들어질 수 있다는 생각은 애당초 하지 않는 것 같습니다. 참 이기적이고 철딱서니가 없습니다. "설마 내가?" 설마가 사람 잡습니다. 살면서 여럿 보았습니다.

중국의 지명과 관련한 한자어를 좀 더 알아보겠습니다. 대리석大理石이라는 단어, 아주 익숙하지요? 중국 운남성 대리현大理縣에서 많이 산출되어 그 지명으로 이름을 지은 겁니다. 영어로 'marble'이라고 하는데 '빛나는 돌'이란 뜻이지요.

또한 '북망산北邙山에 가다'는 '죽는다'라는 의미입니다. 북망산은 중국 하남성 낙양에 있는 산으로, 이곳에 왕과 귀족의 무덤이 많이 있었기 때문입니다.

벽창우碧昌牛와 삼수갑산三水甲山은 모두 북한의 지명과 연관이 있습니다. 벽창우는 평안북도 벽동碧潼과 창성昌城 지방에 사는 크고 억센 소를 가리키는 말로 '미련하고 고집이 센 사람'을 일컫습니다. 벽창호라고도 합니다.

조선 시대 귀양지인 함경남도 삼수와 갑산은 오지였습니다. 지세가 험하고 교통이 불편하여 가기 어려운 곳이었습니다. 그래서 삼수갑산은 몹시 어려운 지경을 비유하는 말로 쓰입니다. '삼수갑산에 가는 한이 있더라도'라는 표현을 들어본 적 있나요? 의미 그대로 '자신에게 닥쳐올 어떤 위험도 무릅쓰고라도'의 뜻입니다.

삼수갑산에 가는 한이 있더라도 꼭 이루고 싶은 일이나 목표, 여러분은 가지고 있습니까? 위험을 무릅쓴다는 것이, 보통 용기로는 엄두도 못 낼지 모르겠지만… 살다 보니 인생 길지도 않습니다. 한번 도전하고 시도하고 마음먹어 보는 자체가 제일 중요하겠지요.

# 하로동선은 낙선한 국회의원들이 만든 음식점입니다

여름 **하夏** 화로 **로爐** 겨울 **동冬** 부채 **선扇**

　로爐는 '화로'라는 뜻으로 향로香爐, 난로煖爐, 원자로原子爐 등에 쓰며 노변정담爐邊情談은 '화롯가에 둘러앉아 한가롭게 주고받는 이야기'입니다. 선扇은 '부채'인데 선풍기扇風機, 합죽선合竹扇에 쓰며 '허풍을 마구 치는 사람'을 허풍선虛風扇 또는 '허풍선이'라고 합니다.

　참고로 扇風(선풍)과 동음이의어인 旋風(선풍)은 도는 바람, 즉 '회오리바람'입니다. 흔히 표현하는 선풍적旋風的인 인기는 '갑자기 일어난 회오리바람이 모든 것을 휘감아 올라가듯' '갑자기 많은 사람의 관심과 사랑을 한꺼번에 끌어 모으는 것'을 비유적으로 이른 것입니다.

하로동선은 후한 때 학자인 왕충의 《논형》에 나오는 말로 '여름 화로, 겨울 부채'라는 뜻입니다. 땀을 뻘뻘 흘리는 무더운 한여름에 화롯불이 무슨 소용이며, 찬바람이 세차게 몰아치는 한겨울에 부채를 어디다 쓰겠습니까? 창고 구석에 박혀 있을 '쓸모없는 물건'들입니다.

지난 국회의원 선거에서 낙선의 고배苦杯를 마신 현역 의원이 꽤 있습니다. 애당초 공천을 받지 못한 의원까지 합하면 그 수는 적지 않을 겁니다.

국회의원이 되기 전에 전문직에 종사했거나, 사업체를 운영했던 사람이 아니라면 낙선을 하면 곧바로 '백수'가 됩니다. 그러니 몇몇 의원들은 품격 따위는 아랑곳하지 않고 온갖 독설을 맷돌에 불린 콩 갈듯이 쏟아냈을 겁니다. 그 대가는 혹독하지요. 불행하게도 낙선을 하면 화려했던 생활을 접고 이제는 한 집안의 가장으로 또 평범한 시민으로 살아가야 합니다. 막막하고 답답할 겁니다.

20여 년 전 백수가 된 국회의원들이 만든 고깃집이 있습니다. 가게 이름이 하로동선입니다. 고전에 해박하고 기발한 아이디어를 지닌 사람이 작명한 것 같습니다. "낙선한 우리는 '여름 화로, 겨울 부채'와 같이 쓸모없는 물건이 되고 말았다"는 자조적인 표현이지만, 속내는 "지금은 쓸모없는 신세가 되었으나 다음 총선에서 반드시 승리하여 '여름 부채, 겨울 화로'가 되고 말겠다"는 강한 의지도 엿보입니다. 중의적이지요.

벌써 오래전 일입니다. 1995년 '새정치국민회의' 창당 과정에서 고故 김대중 대통령(DJ)의 정계 복귀를 반대하며 민주당에 잔류했던 의원 가운데 15대 총선에서 낙선한 의원들이 중심이 되어 1997년 역삼동에서 고깃집을 개업했습니다. 식당 운영 경험이 전무했던 스무 명의 낙선 의원들이 공동 출자하고 공동 운영을 했습니다. 번갈아 가며 하루는 서빙을 하고 하루는 고기 굽는 일을 했다고 하니 체면 불고하고 '삶의 현장'에 뛰어든 겁니다.

저마다 졸지에 닥친 가정 경제 문제도 해결하고, 16대 총선 때까지 깨끗한 정치 자금을 모아보려던 계획이었으나 14대 대통령 선거를 앞두고 정계 개편으로 뿔뿔이 흩어지면서 1999년 자동 폐업합니다. 그래도 우리나라 정치사에서 자존심을 지키며 남에게 의존하지 않고, 자신의 노력으로 생활비와 정치 자금을 모아보려 했던 시도는 평가할 만하지요. 하로동선 공동 창업자였던 고故 노무현 대통령, 당시 의원은 훗날 '여름 부채, 겨울 화로' 정도가 아니라 그야말로 '여름 큰 부채, 겨울 큰 화로'가 되었습니다.

세상일은 긴 호흡으로 보아야 합니다. 누가 언제 어떻게 될지 아무도 모릅니다. 오늘이 어렵고 힘들다고, 내일도 어렵고 힘들겠습니까? 민심民心은 배를 띄우기도 엎어버리기도 합니다. 엎어진 배를 다시 띄우는 것도 민심입니다. 절치부심 이를 악물고 반성하고 또 반성하면서 인고의 세월을 견딜 수밖에요.

어느 날 하로동선 고깃집에 연세가 지긋한 손님이 와서 "정치하듯 식당 운영을 하면 망하고, 식당 운영하듯 정치를 하면 반드시 성공할 수 있다"고 말했다고 합니다. 어딜 가든 '재야의 고수'는 있기 마련입니다. 정치하듯 식당 운영을 하면 보나 마나 망하는 것은 굳이 말하지 않아도 훤히 알 겁니다.

식당 운영을 성공적으로 이끌려면 다른 무엇보다 손님을

극진히 대해야 합니다. 직원에 대한 배려도 각별해야 합니다. 식재료도 엄선해서 정직하게 음식을 만들고, 정성을 다해 쓸고 닦아야 그나마 유지할 수 있지요. 하나에서 열까지 세심하게 살펴야 합니다. 겸손한 마음으로 국민을 섬기고 정직한 자세로 성실하게 정치를 하면 성공하지 못할 까닭이 없습니다.

이번에 당선된 국회의원들에게 '식당 운영하듯 정치를 하라'는 글씨를 써주고 싶습니다. 그래 봐야 아무 소용없다고요?

말과 말 사이의 오류와 편견은 어쩌다 생겨나는 걸까요?
한자를 통해, 믿음이 시작되는 소통의 기초를 다집니다.

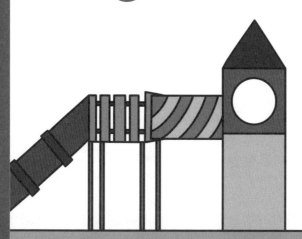

# 4장 관계의 한자어

# 그는 나와
# **이심전심** 통하는 사이라서요

써 **이以** 마음 **심心** 전할 **전傳** 마음 **심心**

마음에서 마음으로 서로 뜻을 전하는 것을 이심전심以心
傳心이라고 합니다.

'마음으로써 마음에 전하다'라는 의미로 나의 마음을 상
대방의 마음에 전하는 것입니다. 이는 불교 용어로, 문자나
언어를 쓰지 않고 마음에서 마음으로 뜻을 전함을 이릅니
다. 무언의 교감이지요. 심심상인心心相印과 '염화시중拈
華示衆의 미소微笑'가 같은 의미입니다.

먼저, 한자 이以를 잠깐 살펴보도록 하겠습니다. 이以는
보통 '써, 이'라고 하는데요, 여기서 '써'는 '쓰다'라는 뜻입니

다. '～을 이용하다' 또는 '～을 가지고'라는 의미로 예전에는 이以와 용用을 같이 쓰기도 했습니다. 예를 들자면, 이열치열以熱治熱은 '열로써 열을 다스리다'로 '열을 이용하여 열을 다스리다'이며, 이이제이以夷制夷는 '오랑캐를 이용하여 오랑캐를 제어하다'입니다.

'말 한마디에 천 냥 빚 갚는다'라는 속담이 있습니다. 도대체 한마디 말로 어떻게 천 냥이나 되는 그 많은 돈을 갚을 수 있을까요?

진정眞情과 진심眞心이 담긴 한마디 말은 사람의 마음을 얼마든지 움직일 수 있다고 생각합니다. 천 냥 아니라 만 냥이라도 갚을 수 있고말고요. 나의 마음을 상대방에게 고스란히 전하려면 '진정성'이 있어야 합니다.

2012년 〈제1회 대한민국 스승상〉을 받았을 때 있었던 일입니다. 그해 여름 축하 모임이 열렸습니다. 그날, 한 후배가 한 달가량 아무도 모르게 원어로 연습하고 또 연습한 이탈리아 아리아를 은은한 달빛 아래에서 불러주더군요. 성악을 전공한 사람이 아니니 유려한 목소리도 아니고, 정확한 음계도 아니었지만 정제되지 않은 투박한 목소리가 듣는 사람의 심금을 울렸습니다.

감동은 거창하고 특별한 데 있지 않음을 다시금 느낀 순간이었습니다. 사람들은 이런 모습을 보며 감동합니다. 왜냐하면 그 사람의 순수한 열정과 진정을 직접 보고 느꼈기 때문이지요. 성악가처럼 잘 부르지도 못하고 어눌한 발음이었는데도, 듣는 사람들이 열광하는 이유는 바로 진정성에 있습니다. 이런 진정이 사람의 마음을 움직이는 겁니다.

《논어》에 "말을 듣기 좋게 하고 얼굴빛을 곱게 꾸미는 사람치고 어진 이가 드물다巧言令色, 鮮矣仁"고 했습니다.

The Master said, "Fine words and an insinuating appearance are seldom associated with true virtue." - James Legge

사람들은 저 사람이 하는 말이 진정인지 아닌지 얼굴이나 말하는 품새만 보아도 금방 알 수 있습니다. 진정이 없는 현란한 말솜씨는 잠시 이익을 취할 수는 있을지 모르겠지만 결코 사람의 마음을 얻지는 못합니다. '어눌한 말투'와 '세련되지 못한 행동'일지라도 진정이 있다면 더 아름답고 가치가 있습니다.

　나중에 들으니 그 후배 가족은 한 달 내내 소음 속에서 지냈다고 하더군요. 그러고는 "제발 모임에서 노래 부르지 말라"며 신신당부까지 했다는데 그럼에도 아랑곳하지 않고 불러 젖힌 겁니다. 그날의 감동은 지금까지도 기억에 깊이 남아 있습니다. 이심전심, 후배의 마음이 나의 마음에 그대로 전해졌기 때문이겠지요. 세상은 이래서 사는 재미가 있습니다.

# 그들 부부는
# 금슬이 참 좋더군요

## 거문고 금琴 큰 거문고 슬瑟

금슬琴瑟은 '잘 어울리는 부부 사이의 사랑'을 비유적으로 이르는 말입니다.

교주고슬膠柱鼓瑟이라는 성어가 있습니다. 교膠는 아교阿膠로 '붙이다'라는 뜻이고 주柱는 거문고나 가야금 줄을 고르는 '기러기 발'을 의미합니다. 기러기 발은 음의 높낮이를 조절하지요. 고鼓는 '북'이라는 명사, 또는 동사로 '연주하다'는 뜻으로 씁니다. 따라서 교주고슬은 '기러기 발을 아교로 붙이고 거문고를 연주하다'로 '변통성이 없이 꼭 막힌 사람'을 이릅니다. 기러기 발을 붙이고 연주하면 한 가지

174

음밖에 낼 수 없으니까요. 어떤 사전에는 슬瑟을 '비파'라고 하는데요, 이는 잘못된 풀이입니다.

오래전 북경 천단공원 박물관에서 금슬의 실물을 처음 보았습니다. 금슬은 중국 고대 전설상 제왕인 복희 씨가 만들었다고 전해지는데 우리로는 단군 시절이니, 이 역시 믿거나 말거나…….

여하튼 금슬은 오동나무로 만들었습니다. 금은 다섯 줄이었다가 뒤에 일곱 줄로 늘어났고 슬은 스물다섯 줄로 금보다 큽니다. 금과 슬을 함께 연주하면 높낮이가 자연스레 어우러져 음의 조화가 잘 맞는다고 합니다. 금과 슬이 아름다운 화음을 내듯 부부가 화목하게 살아가는 모습을 '금슬이 좋다'고 이야기하게 되었습니다.

다른 환경에서 성장한 두 사람이 살아가다 보면 간혹 사소한 작은 일 때문에 마음이 불편해지는 경우가 있습니다. 그때마다 자기의 입장만 생각하고 자신이 살아왔던 환경과 가치관만 고집한다면 이것은 마치 금과 슬이 따로따로 한 가지 음만 고집스레 내는 것과 다름이 없겠지요.

금과 슬의 음이 잘 어우러졌던 것은 상대방이 연주할 때 그 음에 맞는 아름다운 화음을 찾으려고 노력했기 때문입니다. 자기 입장만 고집하여 한 가지 음만 끝까지 낸다면 이것은 불협화음不協和音이 되고 맙니다.

서로 아름다운 화음을 찾으려고 노력한다면 그야말로 '금슬이 잘 어울리는' 화목한 가정을 이룰 수 있겠지요. 금슬상화琴瑟相和와 금슬지락琴瑟之樂도 부부 사이의 사랑을 일컫는 성어입니다.

참고로, 금슬을 '금실'이라고도 합니다. 원음인 금슬에 '으' 발음이 연이어 있어 '금실'이라 편하게 읽은 겁니다. 금슬과 금실은 같이 씁니다. 사실 들을 때마다 고개를 갸웃거리곤 합니다. 예를 들어 '늠름하다'도 같은 경우인데 '늠림하다'라고 하지는 않으니까요.

조금 다른 이야기도 해볼까요? 5월을 '계절의 여왕'이라고 합니다. 하늘은 푸르고, 바람은 포근하고, 햇살은 따사로운 봄날이지요. 그래서인지 결혼식이 유난히 많습니다. 월하노인月下老人은 혼인을 주관하는 전설상 인물입니다. 이 노인은 달빛 아래[月下] 앉아 조용히 책을 보고 있다가, 지나가는 연인을 불러 허리춤 주머니에서 주섬주섬 붉은 실을 꺼내 두 연인의 발을 묶어주었는데 그러면 결혼을 했다고 합니다. 영화의 한 장면을 보는 것같이 낭만적이지요? 그는 현대판 결혼정보업체 CEO인 셈입니다.

안타까운 노릇이지만 요즈음 결혼은 '근斤'을 달아서 합니다. 결혼정보업체에 각종 신상 자료를 제출하면 모든 사항을 계량화해서 천칭天秤에 올려 근이 비슷한 짝을 찾아줍니다. 조건이 중요한 지표가 되었습니다. 서글픈 현실입니다. 달이 휘영청 뜬 밤 월하노인이 어딘가 앉아 있으면 좋으련만…….

# 내년 5월에
# **백년가약**을 맺을 거예요

일백 **백百** 해 **년年** 아름다울 **가佳** 약속 **약約**

좋은 언약, 부부가 되기로 한 약속을 백년가약百年佳約이라고 합니다.

가佳는 '아름답다, 좋다'라는 뜻입니다. 예를 들어 절세가인絶世佳人은 '세상에서 뛰어난 아름다운 사람'을 의미하지요. 여기서 절絶은 '뛰어나다'라는 뜻입니다. 뛰어난 경치를 일컫는 절경絶景도 그 예입니다.

백년百年의 '백'은 숫자 100이 아님을 알아두면 좋겠습니다. 한문에서 백百은 '많다, 여러, 온갖' 등의 뜻으로 더 많이 씁니다. 즉, 백년은 '많은 해, 오랜 세월'로 백년가약은 '오

178

랜 세월 함께할 좋은 언약'입니다.

예컨대 다음의 한자어들도 같은 맥락입니다. 하나하나 살펴볼까요?


- 백년대계百年大計: 먼 장래까지 내다보고 세우는 계획.
- 백년지객百年之客: 영원한 손님으로 '사위'를 이르는 말.
- 백년하청百年河淸: 중국의 황하가 늘 흐려 맑을 때가 없다는 뜻으로, 아무리 오랜 세월이 지나도 실현될 수 없는 일을 이름.
- 백년해로百年偕老: 오랜 세월 함께 늙음.
- 백약무효百藥無效: 온갖 약이 효험이 없음.
- 백방百方: 온갖 방법, 여러 방면.
- 백화만발百花滿發: 온갖 꽃이 그득 핌.
- 백화점百貨店: 온갖 상품을 판매하는 상점.
- 백해무익百害無益: 해롭기만 하고 이로운 바가 없음.


위에 등장하는 백은 모두 '많다, 여러, 온갖'이라는 뜻임을 다시 한번 강조하고 싶습니다.

# 천재일우의 기회를 놓쳤습니다

일천 **천千** 해 **재載** 한 **일一** 만날 **우遇**

천재일우千載一遇는 '오랜 세월 동안 한 번 만남'입니다. 자칫 한자만 보고 '천년에 한 번 만남'을 뜻하는 성어인가 생각할 수도 있겠지만, 그런 뜻이 아닙니다. 이러한 오해는 종종 일어나지요. 대표적으로 운동회 때 거는 만국기萬國旗가 있습니다. 만국기가 '만 개 나라의 깃발'을 뜻하는 것으로 오해하기 쉽지만 실은 '많은(여러) 나라의 깃발'이라는 뜻입니다.

앞서 살펴본 백년가약과 이어지는 이야기를 좀 더 해보겠습니다. 맹자 어머니가 아들에게 좋은 교육 환경을 만들어

주고자 이사한 이야기, 다들 알지요? 맹모삼천孟母三遷은 널리 알려진 고사성어입니다. 그런데 맹모는 아들을 위해 몇 번 이사했을까요? 두 번? 아니면 세 번?

맹모가 이사한 횟수는 세 번이 아니라 두 번입니다. 묘지 근처에 살다가 시장 부근으로 한 번, 다시 학교 옆으로 한 번, 총 두 번입니다. 근데 좀 이상하지요? 내용 그대로 생각한다면 맹모이천孟母二遷인데 왜 굳이 맹모삼천孟母三遷이라고 했을까요?

여기서 삼은 '여러 번, 누차屢次'라는 뜻입니다. 따라서 '맹자 어머니가 여러 차례 이사했다'는 의미가 되는 겁니다. 다음의 단어들도 함께 알아보겠습니다.


- 천객만래千客萬來: 많은 손님이 여러 번 옴.
- 천군만마千軍萬馬: 아주 많은 수의 군사와 군마.
- 천차만별千差萬別: 여러 가지 사물이 모두 차이가 있고 구별이 있음.
- 천신만고千辛萬苦: 온갖 어려운 고비를 다 겪으며 심하게 고생함.

- 천려일득千慮一得: 여러 번 생각하면 한 번 얻는 것이 있음.
- 만고불변萬古不變: 아주 오랜 세월 동안 변하지 아니함.
- 만병통치萬病通治: 한 가지 처방으로 온갖 병을 고침.
- 만사여의萬事如意: 모든 일이 뜻대로 됨.
- 만물萬物: 세상에 있는 모든 것.

위의 한자어에 쓴 천千과 만萬은 '많다, 여러, 온갖'이라는 뜻입니다. 앞서 익혔던 백百과 같습니다.

고사성어 위편삼절韋編三絕을 이어서 소개하겠습니다. '책을 열심히 읽음'이라는 뜻의 이 성어는 공자께서 《주역》을 너무 많이 읽어서 종이가 없던 시절이라 '죽간을 묶은 가죽 끈[韋編]이 끊어졌다[絕]'는 것에서 비롯되었습니다. 이때 삼절三絕은 단 세 번 끊어진 것이 아니라 '여러 번' 끊어졌다는 의미이지요.

같은 삼절인데 뜻이 '세 가지 뛰어난 것'으로 쓰는 한자어도 있습니다. 송도삼절松都三絕은 송도(개성)에서 세 가지 뛰어난 것으로 '서경덕, 황진이, 박연폭포'를 일컫습니다.

위편삼절의 삼은 '여러 번'이고, 송도삼절의 삼은 숫자 '3'입니다. 그리고 위편삼절의 절은 '끊다'이고, 송도삼절의 절은 '뛰어나다'라는 뜻입니다. 같은 한자인데 뜻은 서로 다르지요.

삼과 관련해 좀 더 이야기해보겠습니다. 삼고초려三顧草廬는 많이 알려진 성어입니다. 제갈량의 〈출사표〉에 '삼고신우초려지중三顧臣于草廬之中(세 번이나 저의 초옥 안을 찾으시고)'에서 나왔습니다. 삼고초려의 삼은 실제 유비가 제갈량을 세 번 찾아갔으므로 '세 번'으로 풀이해야 하나 '여러 차례'라고 해도 무방합니다.

낯익은 표현 하나 더 살펴보도록 하겠습니다. '여러 차례 죽을 고비를 넘기고 겨우 살아남'을 뜻하는 구사일생九死一生. 이때의 구 또한 9를 뜻하지 않는다는 것을 미루어 알 수 있을 겁니다.

그렇다면 구우일모九牛一毛가 '아홉 마리 소 가운데 터럭 하나'를 말하는 게 아니라 '여러 마리 소 가운데 터럭 하나'로 많은 것 가운데 극히 적은 부분이라는 뜻임을 좀 더 쉽게 이해할 수 있을 겁니다. 마지막으로, 구중궁궐九重宮

闕은 '문을 여러 겹으로 막은 깊은 궁궐'을 뜻하는데요. 여기서 중은 '무겁다'가 아니라 '거듭'의 뜻임을 함께 기억해두면 좋겠습니다. 중복重複이 좋은 예라 하겠습니다.

# 잘 알지도 못하면서
## **부화뇌동**하지 마

붙을 **부附** 화할 **화和** 우레 **뢰雷** 같을 **동同**

아무런 주관 없이 남의 의견을 맹목적으로 좇아 어울리는 것을 뜻하는 말, 부화뇌동附和雷同을 알아보도록 하겠습니다.

부附는 '붙다'라는 뜻으로 부착附着, 첨부添附에 씁니다. 화和는 '화하다'라는 뜻으로 화합和合, 불화不和가 대표적인 예입니다. '서로 응하다'라는 의미입니다. 뢰雷는 '천둥'과 '번개'의 뜻으로 쓰입니다. 뇌성雷聲에서는 천둥의 뜻으로 쓰였고, 낙뢰落雷와 피뢰침避雷針에서는 번개의 뜻으로 쓰였습니다.

부화附和에서 부附는 '붙다, 따르다'며, 화和는 '따라 하다, 응하여 대답하다'라는 의미입니다. 즉, 부화는 '다른 사람의 언행에 주견 없이 따라 응하여 대답함'을 일컫습니다. '다른 사람의 말과 행동을 따라 찬동하며 동조한다'는 뜻이지요.

뇌동雷同은 '뇌雷(천둥)와 동同(같다)', 즉 '천둥과 같다'는 뜻입니다. '우르릉 쾅쾅' 천둥이 치면 조금 뒤 메아리가 치듯 되돌아오는 소리도 똑같은 '우르릉 쾅쾅'입니다. 이를 비유한 것입니다. 누가 "아" 하고 말하면 천둥소리가 그대로 되돌아오듯 똑같이 "아" 하고 말하는 겁니다. 시비是非를 가리지 않고 주관도 없이 무조건 따르는 셈이지요.

부화와 뇌동은 의미가 서로 비슷합니다. 그래서 부화뇌동附和雷同을 뇌동부화雷同附和라고도 합니다. 소신도 주관도 없이 집단의 논리에 동조하여 따르거나, 사사로운 이익을 취하려는 짓입니다. 남이 뭐라고 하든지 간에, 하나하나 따져보고 판단해야 하는데 집단의 비이성적인 논리나 자신의 이해관계에 따라 소신과 주관을 져버린 겁니다.

진시황이 죽고 아들 호해가 왕위에 오르자 승상 조고는 권력을 독차지하려 꾀를 냅니다. 유명한 고사성어 지록위

마指鹿爲馬의 배경 이야기입니다. 하루는 조고가 사슴을 끌고 들어와 왕에게 "말입니다"라고 합니다. 왕이 "왜 사슴을 말이라고 하나?"라고 묻자 조고는 신하들에게 다시 묻습니다. 그러자 신하들은 셋으로 나뉩니다. 눈치 빠른 자들은 말[馬]이라 하고, 소신을 굳게 지키려는 자들은 사슴[鹿]이라 하고, 양심은 있되 겁이 많은 자들은 아무 말도 하지 않습니다. '말'이라고 대답한 신하들이 바로 부화뇌동한 자입니다. 소신도 주관도 없이 오직 조고가 말한 대로 똑같이 '말'이라 화답한 것이지요. 이런 인간들이 많아질수록 세상은 참담하고 암울해집니다.

1968년, 미국의 어느 초등학교에서 '인간의 폭력성'에 대한 실험을 했습니다. 사이좋게 지내는 학생들에게 뜬금없이 "푸른 눈동자가 갈색 눈동자보다 똑똑하다"라고 말했답니다. 어떻게 되었을까요? 단 15분 만에 학생들 사이에 폭력 행위가 벌어지고 말았습니다. 그 뒤 학생들의 어그러진 감정을 어떻게 풀어주었는지 모르겠지만 결코 쉽지는 않았을 겁니다.

짐작하건대 '푸른 눈동자'와 '갈색 눈동자'는 끼리끼리 패거리를 만들었을 겁니다. 그들은 교실에서 상대편의 지우개를 슬쩍하거나 크레파스를 부러뜨리거나 심지어 부정행위를 해도 모두 눈감아주었을지도 모르겠습니다. 집단 이기주의와 비이성적인 행태 속에서 무슨 짓을 하더라도 문제될 것이 없었을 겁니다. 같은 편이니까, 라는 생각에서 비롯된 도덕 불감증입니다.

뉴스를 보다 보면 지금 우리 사회도 하등 다를 바 없다는 안타까움이 듭니다. 범법 행위를 묵인하고, 심지어 그 행위를 지적하면 적개심을 가지고 달려들기도 합니다. 폭력을 쓸 수 없으니 폭력보다 더 잔인한 '폭언'도 일삼지요. 시비 구분과 판단 능력은 아예 마비되었습니다. 적 아니면 동지입니다.

이성을 잃은 부화뇌동은 분열과 갈등만 불러올 뿐 사회 발전에 전혀 도움이 되지 않습니다. 그리고 이를 조장하는 정치인들도 당리당략보다 나라의 앞날을 생각하며 냉정하게 반성해야 합니다. 이 땅에서 살아갈 젊은이들에게 일러줄 바른 가치가 무엇인지, 무겁게 돌아보게 됩니다.

진정이 없는 현란한 말솜씨는
잠시 이익을 취할 수는 있을지 모르겠지만
결코 사람의 마음을 얻지는 못합니다.
'어눌한 말투'와 '세련되지 못한 행동'일지라도
진정이 있다면 더 아름답고 가치 있습니다.

# 결국 조직이 **와해**되었습니다

## 기와 **와瓦** 흩어질 **해解**

먼저 한자를 하나하나 살펴보겠습니다. 와瓦는 '기와'입니다. 자주 쓰는 단어로 청와대靑瓦臺가 있겠지요? '푸른 기와를 얹은 관저'라는 의미입니다. 청와대의 대臺는 '조정朝廷' 또는 '관서官署'의 뜻입니다. 공무원들은 청와대를 'BH(Blue House)'라고 부르더군요.

해解는 '뿔 각角'과 '칼 도刀' 그리고 '소 우牛'가 모여 이루어진 한자입니다. 소[牛]의 뿔[角]까지 칼[刀]로 떼어내는 모양이니, 소를 해체하는 것입니다. 그래서 해解는 '풀다, 흩어지다'는 뜻이 나왔습니다. 대표적인 단어로 해독解讀은 풀어서 읽는 것, 해빙解氷은 얼음이 녹아 풀림, 해산解散은 흩어짐을 일컫습니다.

뜻 그대로 풀어보면 와해瓦解는 '기와가 흩어지다(깨지다)'로 '조직이나 계획이 산산이 무너지고 흩어짐'을 비유적으로 이르는 말입니다. 기와가 깨지듯이 산산조각이 나는 것이지요. 깨진 기와는 다시 붙일 수 없으니 와해된 조직은 복구가 불가능합니다. "폭력 조직이 와해되었다"라는 식의 보도를 본 기억이 있을 겁니다.

"대장부는 차라리 옥쇄할지언정 '와전'은 하지 않는다大丈夫 寧爲玉碎, 不爲瓦全"라는 말이 있습니다. 구차하게 살지 않겠다는 의미입니다. 부서진 기와도 그렇지만 온전한 기와도 대접을 받지 못한 것 같습니다. 와전瓦全은 기와처럼 안전하게 남는다는 것으로 아무 보람 없이 헛되게 삶을 이어가는 것을 비유적으로 일컫습니다. 옥쇄玉碎라는 표현한 번쯤 들어보았겠지요? 옥쇄는 '옥처럼 아름답게 부서지다'는 뜻으로 '명예나 충절을 지키며 깨끗이 죽음'을 이릅니다. 대표적으로 "이순신 장군은 노량해전에서 옥쇄하셨다"라고 하지요.

여기서 쇄碎는 '부서지다'는 뜻으로 쇄빙선碎氷船(얼음을 깨부수는 배), 분골쇄신粉骨碎身(뼈를 가루로 만들고 몸을 부순다, 정성으로 노력함) 등으로 씁니다.

'기와'가 부서지는 것과 '옥'이 깨지는 것은 격이 다릅니다. 옥은 찬란한 빛을 내며 산산이 부서지니, 그 빛이 눈이 부시게 아름답습니다. 부서지는 것이 그저 안타깝고 애석할 뿐이지요.

역사상 나라와 민족을 위해 초개草芥와 같이 생명을 던진 선열이 많이 계십니다. 목숨을 버리는 행동도 명분이 있어야 합니다. 자신의 잘못을 덮고자 목숨을 버리는 행위는 어떤 명분도 없는 짓입니다.

# 자, 툭 터놓고
## 고충을 말해봐요

### 괴로울 고苦 속마음 충衷

괴로운 심정이나 사정을 고충苦衷이라고 합니다. 고苦는
원래 '씀바귀'라는 풀입니다. 씀바귀는 맛이 쓰기 때문에 '쓰
다, 괴롭다, 고생하다'라는 뜻이 파생되었습니다. 고락苦
樂, 고난苦難, 고통苦痛, 동고동락同苦同樂 등에 쓰지요.

한편 학수고대鶴首苦待의 고苦는 '간절하다'라는 뜻으로
'학의 목처럼 목을 길게 빼고 간절히 기다림'을 이릅니다.

충衷은 '속마음'으로 충정衷情(마음에서 우러나오는 참된 정),
충심衷心(속에서 우러나는 참된 마음) 등에 씁니다. 이때 꼭 기억
해야 할 점이 있습니다. 충심忠心(충성스러운 마음), 충정忠情

(국가에 대한 충성스럽고 참된 정)과는 구별해서 써야 한다는 겁니다. 충忠은 국가와 민족을 말할 때 연관 지어 씁니다.

자, 정리하면 이렇습니다.

• 충정衷情: 친구를 위한 참된 마음.
• 충정忠情: 나라를 생각하는 충성스러운 마음.

문장으로 예를 들어보지요.

→ 충심衷心으로 깊이 감사드립니다.

→ 나라를 구하려는 충심忠心에서 의병을 일으켰다.

충衷은 衣(옷 의)를 아래위로 벌리고 그 안에 中(가운데 중)이 들어간 글자입니다. 원래는 '속 옷'이라는 뜻입니다. 따라서 고충苦衷은 '괴로운 속마음'을 의미합니다. 어느 조직이고 고충 처리를 해주는 부서가 있습니다. 그만큼 사는 것이 팍팍하지요. 공자의 말씀인 '기소불욕, 물시어인己所不欲, 勿施於人(내가 하고 싶지 않은 것을 다른 사람에게 시키지 말라)'의 자세로 살아가면 좋으련만…… 자신의 충정衷情을 알아주지 않으면 그만큼 마음의 고통이 커지겠지요.

마음의 고통을 이야기하자니, 진나라 때 개자추가 가장 먼저 떠오릅니다. 어떤 이야기냐고요? 먼저 속담 하나를 살펴보며 시작하겠습니다. '한식寒食에 죽으나 청명淸明에 죽으나'라는 속담인데요. 한식과 청명은 하루 차이라 '하루 먼저 죽으나 늦게 죽으나 같다'라는 뜻으로 '큰 차이가 없음'을 비유적으로 이르는 말입니다. 한식은 불에 타죽은 개자추를 추모하기 위해 그날 하루 불을 지피지 않았다는 데서 유래한 날입니다.

개자추는 문공을 수행하여 19년 동안 망명 생활을 했습니다. 방랑 생활의 고생은 이루 말할 수 없었습니다. 심지어 먹을 것마저 다 떨어지자 개자추는 자신의 허벅지 살을 도려내어 문공에게 먹였다고 합니다.

이후 문공이 망명 생활을 마치고 왕위에 올랐으나, 개자추는 아무런 상도 받지 못했습니다. 실망한 개자추는 산으로 숨어 들어갔습니다. 뒤늦게 잘못을 깨달은 문공은 여러 차례 산에서 나오라고 개자추를 설득했으나 그는 끝내 나오지 않았습니다. 생각 끝에 문공은 산에 불을 지르면 불을 피해 나오겠지 싶어 불을 질렀습니다. 그러나 개자추는 신을 가지런히 벗어놓은 채 불에 타죽고 말았습니다.

개자추의 심리는 '자기 몸을 희생하여 상대방을 괴롭히고 자 하는 것'이라 보입니다. 문공은 죽을 때까지 불만 보면 개자추가 떠올라 괴로워했을 겁니다. 그래서 자기를 희생 시켜 상대방을 고통스럽게 하는 행동을 '개자추 콤플렉스' 라고 합니다.

청소년 시절, 부모님이 자신의 요구를 들어주지 않으면 "됐어요!" "밥 안 먹어요!" 방문 쾅 닫았던 경험이 한 번쯤 있지요? 이러한 행동이 바로 개자추 콤플렉스입니다. 자기 몸을 곯게 하여 부모님을 괴롭혔으니, 당시 부모님의 고충 이 오죽했겠습니까? 자식을 기르다 보면 부모님의 그 심정 을 헤아리게 되리라 생각합니다. 자기가 했던 일은 그대로 다 받고 사는 겁니다.

# 괜히 남들과 척지지 맙시다

## 하나, 배를 세는 단위 척隻

이순신 장군이 남긴 '상유십이척尙有十二隻(아직 열두 척이 있습니다)'이란 말이 있습니다. 척隻은 하나 또는 배를 세는 단위입니다. 척이 두 개 모이면 隻+隻, '雙(쌍: 둘)'이 됩니다.

'척지다' '척지지 마라' 등의 말은 수없이 들었을 겁니다. 조선 시대 때 송사, 즉 백성끼리 분쟁이 생겨 판결을 구했던 기록을 보면 척隻, 척인隻人, 원척元隻이라는 용어가 나오곤 합니다. 용례를 살펴보니 어떤 경우에는 '원고'와 '피고'로 달리 쓰기도 하고 어떨 때는 두 개의 뜻을 혼용해서 쓰기도 했더군요. 어쨌든 척隻이나 척인隻人은 모두 '소송 당사자'를 이릅니다.

척지다의 '지다'를 좀 더 알아보겠습니다. 사전적 의미는 '관계가 좋지 않게 맺어지게 되다'입니다. 즉, '소송 당사자가 되어 좋지 않은 관계가 되다' '서로 원한을 품어 미워하거나 대립하게 되다'를 의미하는 것이 '척지다'인 것이지요. 따라서 '척지지 마라'는 '소송 당사자가 되어 좋지 않은 관계가 되지 마라'는 말입니다.

어떤 경우든 소송을 통해 문제를 해결하지 말라는 것입니다. 소송은 피곤한 과정이고, 이겨야 하니 피차 더 모질어질 수밖에 없습니다. 지금은 'OK 목장의 결투'가 가능한 시대가 아니니 사기, 폭력, 억울함, 분노, 모욕 등 도저히 참을 수 없다면 도리 없이 척질 수밖에 더 있겠습니까? 잘 참으면 인격 수양이야 되겠지만 가슴은 삭은 홍어처럼 문드러집니다.

옛이야기 하나를 들려드리겠습니다. 어떤 노인이 일흔에 아들을 얻었는데 세상을 떠나면서 열여섯 자의 유언을 남겼습니다. 이를 두고 상속 문제가 생겨 송사가 벌어졌다고 합니다.

七十生子非吾子家産傳之胥他人勿取.

　노인이 남긴 유언인데요, 그 집의 사위는 아래와 같이 한 자를 풀이하고는 전 재산을 차지했습니다.

　七十에 生子하니 非吾子라. 家産을 傳之胥하니 他人은 勿取하라.
　(일흔에 아들을 낳았으니 내 아들이 아니다. 재산을 사위에게 전하니 다른 사람은 취하지 마라.)

　아들은 유산 한 푼 못 받게 되자 억울한 심정에 사또를 찾아가 하소연했습니다. 유언을 본 사또는 "풀이가 틀렸다!" 하고 유산을 아들에게 되찾아주었다고 합니다.

　七十에 生子한들 非吾子리오? 家産을 傳之하니 胥는 他人이니 勿取하라.
　(일흔에 아들을 낳은들 내 자식이 아니리오? 재산을 전해주니 사위는 타인, 남이니 취하지 마라.)

아마 사위와 아들은 평생 척지고 살았겠지요? 이 이야기를 생각하면 '아버지가방에들어가신다'라는 말이 같이 떠오릅니다. 여하튼, 유언장은 철저히 작성해야 하나 봅니다. 어쩌면 이중 해석이 가능토록 한 유언이 노인의 진짜 속내였는지도 모르겠습니다.

# 그 사람의
# 방약무인한 태도에 화가 났어요

곁 **방傍** 같을 **약若** 없을 **무無** 사람 **인人**

방약무인傍若無人은 '곁에 사람이 없는 것처럼 아무 거리낌 없이 함부로 말하고 행동함'입니다. 방傍은 '곁'이라는 의미로 방관傍觀도 같은 뜻입니다. 약若은 '~처럼, ~와 같은'으로 비교에 쓰이지요.

따라서 방약무인은 '곁에 사람이 없는 것처럼' 구는 행동입니다. 주위에 보는 사람이 한 사람도 없으니 언행을 제멋대로 하게 되는 것이지요.

얼마 전, 신문에 실린 한 칼럼 때문에 정계가 시끌시끌했습니다. 칼럼을 쓴 사람이 고발을 당하기도 했는데 이 소식이 알려지자 후폭풍이 거세게 불었습니다. 고발한 것을 못 마땅하게 여긴 어느 인사가 "방약무도가 넘치다 못해 기본 권마저⋯⋯"라고 비난하면서 방약무도傍若無道는 '도리를 모르고 날뛰거나 방자한 행동'이라는 설명도 친절히 덧붙여 주었더군요.

그러나 방약무도라는 성어는 세상 어디에도 없습니다. 중국, 일본에도 없습니다. 해석하면 '곁에 도가 없는 것처럼'인데 그럴듯하게 보이기는 하나 무슨 말인지 도통 모르겠습니다. 아무래도 방약무인傍若無人의 방약과 극악무도極惡無道의 무도를 뒤섞어 터무니없는 성어를 만든 것 같습니다. 말 그대로 '짝퉁 성어'입니다. 더 살펴보니 지난해 한 정당의 원내대표가 검찰을 비난하며 방약무도라 한 적이 있더군요. 누가 한번 잘못 쓰면, 사람들은 그 뜻을 제대로 확인하거나 알아보지도 않고 따라서 계속 잘못 쓰나 봅니다.

또 다른 일화도 있습니다. 2010년, 호랑이해를 맞아 새해 첫날 어느 당 대표가 현충원 방명록에 '騎虎之勢로 國運이 隆盛하게 하소서'라고 썼습니다. 아마 '기호지세騎虎之勢: 탈 기騎, 호랑이 호虎, 갈 지之, 기세 세勢'를 호랑이를 타고 있는 기세라는 글자 풀이만 보고 엉뚱하게 이해했나 봅니다.

호랑이를 걸터타고 떡하니 앉아 있으니 기세등등하고 멋있기는 하지요. 그러나 '기호지세'는 대강 짐작하는 뜻과 전혀 다른 의미입니다. 호랑이 등에 올라타고 있는데 내려왔다가는 꼼짝없이 물릴 형국이라 끝까지 갈 수밖에 없다는 의미로 '내친김에, 그만두고 싶어도 그만둘 수 없는 형세'를 일컫습니다. 결국 현충원에서 '내친김에 국운이 융성하게 하소서'라는 말도 아닌 글을 쓴 꼴이 되고 만 겁니다.

정치인 중 한문 고전에 해박했던 분은 역시 고故 김종필 전 총리(JP)입니다. 1980년 초 이른바 '민주화의 봄'을 맞아 모든 국민은 민주화가 되어 대통령 직선제가 곧 이루어질 것처럼 들떠 있었지만, 신군부의 음습한 그림자가 드리우고 있는 줄은 까맣게 몰랐습니다. 이때 JP가 한 말이 '춘래불사춘春來不似春'입니다. 봄이 와도 봄 같지가 않다는 의미인데 〈왕소군〉이라는 당나라 시를 인용한 것입니다. 당시 안개 정국을 시 한 구절로 정확하게 표현했습니다. 현실 상황을 정확히 인식하고 그에 맞는 글귀를 고전의 모래더미 속에서 찾아낸 탁월한 감각이 놀랍습니다.

　모름지기 한문 고전에서 자기 생각을 인용하려면 정확한 의미를 파악해야 합니다. 정치인이라면 더욱 그래야지요. 없는 말을 만들어서도 안 되고, 뜻을 왜곡해서는 더더욱 안 됩니다. 한두 번 한문 고전을 인용했다고 유식해 보이는 것도 아니고 언젠가 밑천이 드러나게 마련일 테니, 평범한 어휘로 자신의 생각을 표현해도 충분하지 않을까요?

# 과유불급이라는 말도 있는데,
# 너무 무리 말아요

지나칠 **과過** 같을 **유猶** 아니 **불不** 미칠 **급及**

　설렁탕에 소금을 많이 넣으면 짜고, 적게 넣으면 싱겁지요? 짜거나 싱겁거나 맛이 없기는 마찬가지입니다. 적정한 양을 잘 살펴야 합니다. '지나친 것'은 '미치지 못한 것'과 같습니다. 이를 뜻하는 성어, 과유불급過猶不及을 알아보도록 하겠습니다.

　과유불급은 《논어》에 나옵니다. 공자의 제자인 자공이 공자께 자장과 자하에 대해 여쭌 대목입니다.

　"자장과 자하 중에 누가 더 뛰어난가요?"

"자장은 지나치고, 자하는 미치지 못하네."

"그럼 자장이 낫다는 말씀이신가요?"

"과유불급이니라."


子貢 asked "which of the two, 子張 or 子夏, was the superior". The Master said, "子張 goes beyond the due mean, and 子夏 does not come up to it". "Then," said 子貢, "The superiority is with 子張, I suppose." The Master said, "To go beyond is as wrong as to fall short". −James Legge


한 사람은 너무 적극적이고(지나친데도 멈추지 않음), 다른 한 사람은 좀 소극적(미치지 못하는데 멈춤)이라 두 사람 모두 자신을 성찰하지 못하여 중도中道(어느 한쪽으로 치우치지 아니한 바른 길)를 잃은 것을 말씀한 것이지요. 중용中庸의 중요함을 일깨운 내용입니다.

자, 그럼 한자어를 좀 더 알아보도록 하겠습니다. '과過'는 여러 가지 뜻이 있습니다.

1. 지나다: 과거過去, 과객過客.

2. 지나치다: 과음過飮, 과열過熱.

3. 잘못하다: 과오過誤, 과실過失.


이는 모두 선線을 넘어서 생긴 뜻입니다. 정해진 선을 넘어가니 '지나다', 정해진 한계선을 넘어가니 '지나치다', 정해진 기준선을 넘으니 '잘못하다'가 되는 겁니다.

유猶는 '원숭이' '오히려'의 뜻이 있는데요. 여기서는 '같다'는 뜻입니다. 불급不及은 '미치지 못함'이니, '일정한 수준에 이르지 못함'입니다. 그러니 과유불급은 수학 기호로 생각해보면 '過=不及'인 셈입니다.

그러나 언제부터 과유불급은 '지나친 것은 부족함만 못하다' '지나치면 미치지 않는 것만 못하다'라고 '과'의 지나침을 '불급'의 못 미침과 비교하여 쓰기 시작했습니다. '유'를 '같다'의 뜻으로 풀이하지 않고 '오히려'로 잘못 풀이하여 '지나친 것보다 오히려 미치지 못한 것이 낫다'의 의미로 잘못 이해한 듯합니다. 앞에서도 말했듯 처음에 누가 틀리게 말했는데 한번 그렇게 쓰니 계속 잘못 쓰는 겁니다.

과유불급이라는 말은 '미치지 못함'보다 '지나침'에 대해 나무랄 때 쓸 수밖에 없겠지만, 그렇다고 과過가 불급不及보다 못하다는 식으로 본뜻을 왜곡해서는 안 될 겁니다. 과와 불급은 "갸가 갸"나 다름없습니다.

'과즉물탄개過則勿憚改(잘못이 있으면 고치기를 꺼리지 말라)'라는 공자의 말씀이 있습니다.

When you have faults, do not fear to abandon them.

– James Legge

이제부터라도 바르게 쓰면 되지요.

# 회장님은 신년사에서
## '송무백열'을 강조하셨습니다

소나무 **송松** 무성할 **무茂** 잣나무 **백柏** 기뻐할 **열悅**

송무백열松茂柏悅은 소나무가 무성해지면 잣나무가 기뻐한다는 것으로 '친구나 남이 잘됨을 좋아함'을 의미하는 말입니다.

백柏은 원래 측백나무지만 우리나라에서는 보통 잣나무로 씁니다. 송백松柏은 모두 상록수로 '지조志操'에 비유합니다. 사시사철 늘 변함없이 푸르른 것처럼 어떠한 상황에서도 소신을 굽히지 않기 때문입니다.

송죽松竹도 그러합니다. 송죽지절松竹之節은 '소나무같이 꿋꿋하고, 대나무같이 곧은 절개'를 뜻합니다. 선인들은 소나무, 잣나무, 대나무의 늘 푸르고 곧은 모습에 지조와 절개라는 유교 이념을 투영하고 삶의 모범이며 지향해야 할 가치로 삼았습니다.

《논어》에서는 '날씨가 추워진 뒤에야 소나무와 잣나무가 뒤늦게 시드는 것을 알 수 있다歲寒然後, 知松柏之後凋也'라고 했습니다.

The Master said, "When the year becomes cold, then we know how the pine and the cypress are the last to lose their leaves". – James Legge

나무는 봄여름 푸름을 뽐내다가 찬바람이 불기 시작하면 이파리가 한 잎 두 잎 떨어지고 겨울이 오면 마침내 앙상한 가지만 남게 됩니다. 그러나 소나무와 잣나무는 아무리 추운 겨울이 되어도 푸름이 변하지 않습니다. 공자는 이 말씀으로 이해관계에 매몰된 인간들의 얄팍한 인심과 세태를 경계한 것이지요.

어떤 사람이 높은 지위에 있거나 상당한 재력이 있으면

주변에 많은 사람이 모여들고 그 사람에게 잘 보이기 위해 애씁니다. 간이라도 내어줄 듯하고, 입안의 혀 같은 사람도 있기 마련입니다. 그러다가 그 사람이 지위를 잃거나 형편없는 나락으로 떨어지면 언제 그랬냐는 듯 뒤도 돌아보지 않고 떠나갑니다. 마치 한겨울 앙상한 가지만 남은 나무와 다를 바 없게 됩니다.

아무리 추운 한겨울에도 변함없는 푸름을 지닌 소나무와 잣나무처럼, 그 사람이 어떠한 처지에 놓이더라도 똑같은 마음으로 의리를 지키는 사람은 많지 않습니다.

이러한 상황을 염량세태炎涼世態라고도 합니다. 권세가 있을 때는 아첨하여 좇고, 권세가 없어지면 푸대접하는 세상의 인심을 이르는 말인데 가히 그렇습니다. "정승 집 개가 죽으면 문상객이 많아도 정승이 죽으면 문상객이 없다"라는 말이 괜히 생긴 것이 아닙니다.

《명심보감》에 '서로 아는 사람들은 세상에 가득한데, 내 마음을 아는 사람은 몇이나 되나相識滿天下, 知心能幾人'라는 말이 있습니다. 내 주위에 진정으로 나의 마음을 이해해주고 변하지 않는 마음으로 함께할 사람이 과연 몇이나 될까요?

추사 김정희는 유배지 제주도에서 제자 이상적에게 '세한도' 한 폭을 그려 보내줍니다. 유배지에 있는 자신에게 평소 해왔던 대로 의義를 지켜준 그에게 진정 고마움을 느꼈던 것이지요. 그리고는 《논어》의 소나무와 잣나무를 떠올리며 세한도를 그렸던 겁니다.

가까운 친구에게 좋은 일이 생겼을 때 '松茂柏悅'이라 써주면 격도 있고 좋을 겁니다. 못 읽을 거라고요? 목마른 사람이 우물 판다는 속담처럼, 답답하면 찾아보겠지요. 그게 아니라 본인이 한자로 못 쓴다고요? 그러면 '소나무가 무성해지니 잣나무가 기쁘도다'로 써주면 되지 않겠습니까?

가까이 지내는 후배가 전원에 집을 마련하고는 당호堂 號를 부탁하더군요. '후조당後凋堂'이라 짓고 "괴롭고 힘들어도 눈보라 속 푸른 소나무처럼 변함없는 모습으로 벗의 곁에 있고 싶네"라고 써주었습니다. 그 집 문 옆에 '후조당' 편액과 함께 이 글이 걸려 있습니다. 근데 이것 참, 당호를 보고는 누가 자꾸 "후지다는 의미냐"고 농을 한답니다.

한겨울에도 변함없는 푸름을 지닌 소나무와 잣나무처럼,
그 사람이 어떠한 처지에 놓이더라도
똑같은 마음으로 의리를 지키는 사람은 많지 않습니다.

# 그 사건 수사는
# 유야무야 끝나고 말았습니다

있을 **유有** 어조사 **야耶** 없을 **무無** 어조사 **야耶**

처음에는 뭔 일을 벌일 듯했는데, 얼마 지나지 않아 유야무야有耶無耶되는 경우가 참 많습니다. 새해가 되어 굳게 마음먹은 계획이 며칠 안에 사그라지는 '작심삼일'도 비슷한 듯합니다. 그리고 우리가 보았던 유야무야 넘어간 사건도 적지 않습니다.

이와 반대로, 꽤 오랫동안 지속되는 경우도 있습니다. 벌써 30년도 더 된 과거가 되었는데요, 88올림픽을 앞두고 있었던 일입니다. 올림픽을 앞두고 보신탕 가게를 대대적으로 단속하면서 '개'와 관련된 어떤 간판도 달 수 없게 했습니다.

'올림픽을 보이콧하겠다'는 세계동물보호단체의 압력 때문이었습니다. 이삼 년 동안 무척이나 철저하게 시행해서 유야무야가 아니라 유야유야有也有也, 즉 '있고 또 있다'인 셈이었습니다.

당시 어느 보신탕 가게 주인은 문 앞에 '아직도 합니다'라는 글만 붙여놓았다고 합니다. 다른 가게들이 '영양탕' '사철탕'으로 바꾸는 것이 비굴하다는 생각도 들고 자존심도 상했던 모양입니다. "오랜 음식문화를 갖고 왜 난리여. 나라마다 살아온 방식이 다른데" 하는 고집스러운 주인 얼굴이 떠오르기도 하지만 기막힌 발상입니다.

아무튼, 유야무야는 '있는 듯 없는 듯 흐지부지한 상태'를 이르는 말입니다. 하는 건지, 안 하는 건지 애매모호해졌다는 겁니다.

야耶는 한문에서 주로 의문사로 씁니다. 예를 들어 시야비야是耶非耶는 '옳은가, 그른가'입니다. 참고로 《천자문》을 보면 마지막 부분에 야也가 나오는데요, 음은 같지만 뜻이 다릅니다. 야也는 주로 '종결사'로 씁니다. 언즉시야言則是也, '말인즉 옳다'가 대표적인 예입니다. 어려서 也를 '이

끼, 야'로 알고 있었습니다. 들리는 대로 이해하고 也는 큰
의미가 없으니 바위에 끼어 있는 이끼 정도로 생각했던 겁
니다. 그런데 也는 '이끼'가 아니라 '입기', 즉 구기口氣(입 기
운)니 실사實辭가 아니라 허사虛辭로 어조사로 쓰입니다. 입
기운의 '입기'가 제 귀에는 '이끼'로 들린 것입니다.

세 개의 성어를 소개하고 보니 묘하게 맥락을 꿰뚫는 부
분이 있는 것 같습니다. 요즘은 누가 무슨 말 한마디를 하
면 '시야비야', 득달같이 달려듭니다. 그것이 정말 옳은지
그른지 자신의 생각과 관점을 차분히 판단해보기도 전에 시
류에 편승하곤 합니다. 너도나도 '언즉시야'라고만 목소리
를 높이고 있습니다. 그러다 흥미를 잃었는지 '유야무야',
금세 또 다른 화젯거리를 찾아 매섭게 달려가고 있는 건 아
닌지…….

# 그는 슬하에
# 딸 둘을 두었습니다

무릎 **슬膝** 아래 **하下**

"슬하에 자녀가 어떻게 되시나요?"
"부모님의 슬하를 떠난 지 몇 년 되었어요."

이와 같은 문장을 책이나 미디어에서 종종 접했을 겁니다. 《효경》에 슬하膝下라는 말이 있습니다. 아이가 태어나 부모님의 무릎 곁을 떠나지 못하여 생긴 한자어입니다. 그리하여 슬하는 '무릎 아래'라는 뜻으로 부모님의 곁을 뜻합니다. 옛날에는 부모님이 돌아가시면 3년 동안 상복을 입었다고 하지요. 갓난아이였을 때 부모님 슬하에서 3년 동안 극진한 보살핌을 받았기 때문입니다.

《사자소학》은 조선 시대 〈천자문〉을 마친 아이가 바로 다음
단계에서 배운 책입니다. 주로 인간사회의 가장 기본이 되는
윤리와 생활 규범에 관한 내용인데, 이런 말이 나옵니다.


父母愛之, 喜而勿忘
(부모님께서 사랑해 주시거든 기뻐하며 잊지 말고)

父母責之, 反省勿怨
(부모님께서 꾸짖으시거든 반성하며 원망하지 마라)


반성물원反省勿怨은 '돌이켜[反] 살펴[省] 원망[怨]하지 마
라[勿]'라는 뜻입니다. 그 옛날에도 지금처럼 부모님이 나무
라면 속으로 원망했나 봅니다. 부모님께서 꾸짖거든, 돌이켜
살펴 잘못이 무엇인지 생각하고 다시는 되풀이하지 않겠다
고 생각해야지 섭섭한 마음을 품고 원망해서는 안 된다는 것
이지요. 지금도 여전히 유효하며, 곱씹어볼 내용입니다.


"부모는 자식에게 열 가지를 바라는데, 자식이 아홉 가지

218

는 죽어라 하지 않다가 단 한 가지라도 하면 기뻐하는 것이 부모이고, 자식은 열 가지를 바라는데 부모가 아무리 힘들어도 아홉 가지를 다 해주고 단 한 가지만 못 해주면 원망하는 것이 자식이다."

매년 학생들에게 꼭 해주는 말입니다. 이야기를 듣는 내내 다들 진지한 표정들이더군요. 심각해지기도 하고, 눈물이 그렁그렁한 학생도 있었습니다. 너나없이 다들 그리 사나 봅니다.

자녀에게 《삼강행실도》에 나오는 '한겨울에 병석에서 죽순이 드시고 싶다는 어머니를 위해 눈밭에서 울었더니 죽순이 쑥 올라왔다'는 이야기를 백날 한다고 과연 설득력이 있을까요? '얼음을 뚫고 솟구치는 잉어' 이야기도 다를 바 없습니다. 코웃음만 치겠지요. 효는 거창한 무엇이 아닙니다. 어려서부터 배려하는 마음을 갖도록 일러주고 직접 보여주면 아이가 자라서 자연스럽게 효도를 하게 된다고 합니다. 상대방의 처지를 생각하고 배려하는 마음이 부모에게도 그대로 적용되기 때문이겠지요. 《한시외전》에 실려 있는 우리에게 익숙한 시를 소개하겠습니다.


樹欲靜而風不止,

(나무는 고요하려 하나 바람이 그치지 않고)

子欲養而親不待.

(자식은 봉양하려 하나 부모는 기다리지 않네.)

往而不可追者 年也,

(가버리면 쫓아갈 수 없는 것이 세월이오,)

去而不可得見者 親也.

(떠나면 뵐 수 없는 분이 부모라네.)


'풍수지탄風樹之歎(바람과 나무의 탄식. 어버이가 돌아가셔 효도를 하려고 해도 할 수 없는 슬픔)'이라는 성어의 유래이기도 합니다. 비만 오면 '엄마 무덤'이 떠내려갈까 개굴개굴 울어대는 청개구리에게 진즉 이 시를 가르쳐줄 것을……

# 과부하에 걸릴 지경이에요

지나칠 **과過** 질 **부負** 짐 **하荷**

부하負荷는 '기계의 힘을 내게 하는 장치의 출력 에너지를 소비하는 일'이라는 뜻으로 씁니다. 따라서 과부하過負荷는 '전류가 출력 허용치 이상으로 흐를 때 발생하는 현상'을 뜻하지요. 기기를 다룰 수 있는 정상치를 넘는 부하입니다. 그리고 '일을 너무 많이 맡은 상태'를 비유적으로 이르는 표현이기도 합니다.

앞서 '과유불급'을 이야기하며 살펴보았듯 과過는 세 가지 의미가 있지요. 그중에 과부하의 과過는 '지나치다'라는 뜻입니다. 부負는 '이김과 짐'을 이르는 승부勝負, '남에게 빚을 짐 또는 그 빚'이라는 뜻의 부채負債 등의 한자어로 익숙합니다.

부負가 들어간 성어, 남부여대男負女戴는 '남자는 등에 지고 여자는 머리에 이다'라는 뜻으로 '살 곳을 찾아 온갖 고생을 하며 이리저리 떠돌아다님'을 의미합니다.

하荷는 '짊어지다, 짐(물건)'의 뜻입니다. 대표적인 성어로 적반하장賊反荷杖을 보겠습니다. '도둑이 도리어 몽둥이를 등에 메다'로 '몽둥이를 든다'라는 뜻입니다. 하역荷役은 '짐을 싣고 내리는 일'이며 입하入荷는 '짐이나 상품이 들어오다'이고, 집하장集荷場은 '여러 지역의 물건이 모이는 장소'이며 하중荷重은 '어떤 물건의 무게'를 이를 때 씁니다. "하중을 견디지 못해 의자가 주저앉았다" 등의 문장으로 가끔 접했을 겁니다.

110볼트 기기를 220볼트에 꽂으면 터져버리고 말지요. '과부하'가 걸린 겁니다. 사람도 같습니다. 능력 밖의 일을 맡으면 십중팔구 사달이 생깁니다. 그래서 나가야 할 때와 물러서야 할 때를 잘 살펴야 합니다. 능력 밖의 일은 더 욕심내지 않는 편이 좋습니다. 아니면 자신의 몸과 마음을 송두리째

망칠지도 모릅니다.

난세亂世에 영웅이 나타난다고 하지만 난세가 되면 인간의 수준도 그대로 드러나기 마련입니다. 220볼트 상황이 벌어졌는데 110볼트도 안 되는 도덕성과 인식을 지닌 기기를 꽂으니 당연히 오작동이 발생하겠지요. 그러고는 사건의 본질이나 피해자의 고통은 오간 데도 없는 막말과 조롱이 이어지기도 합니다. 그런 상황을 인정하기조차 싫어서였겠지요. 진영논리입니다.

말 한마디 쉽게 꺼내기 전에, 앞뒤 가리지 않고 행동하기 전에, 적어도 자신이 '몇 볼트'짜리 사람인지 헤아려보면 좋겠습니다. 과부하가 걸린 일들이 자꾸 벌어지면 보는 사람들도 지겹고 힘이 듭니다.

말이 넘쳐 나는 세상 속에서 마음의 결핍을 느끼나요?
배려와 이해, 존중으로 향하는 언어의 기술을 알아봅니다.

# 5장 공감의 한자어

환승 · Transfer · 轉機

# 국민의 **여망**에
# 부응해야겠지요

## 많을 **여興** 바랄 **망望**

여망興望은 많은 사람의 기대나 바람을 이르는 말입니다. 여興는 '많다, 여러 사람'이라는 뜻입니다. 예를 들어 여론興論은 많은 사람의 의견으로 '사회 대중의 공통된 의견'을 의미하지요. 망望은 '바라보다'라는 뜻으로 망향望鄕, 망원경望遠鏡 등 가까운 곳이 아닌 먼 곳을 바라볼 때 씁니다.

망부석望夫石도 일본으로 갔다가 돌아오지 못한 박제상을 매일 바닷가 언덕에서 바라보다가 부인이 돌이 되었다는 전설이 깃들여 있습니다. '바라보다'라는 뜻에서 '바람'이라는 뜻이 나왔는데 가망可望, 소망所望, 희망希望 등으로 쓰

226

니다. 또 다른 예로 유망주有望株는 '오를 가망이 있는 주식'이라는 뜻으로 발전될 가망이 있는 사람을 비유적으로 일컫습니다.

단어를 좀 더 살펴보겠습니다. 여는 앞서 말한 '많다, 여러 사람' 말고도 '수레'라는 뜻도 있습니다. 상여喪輿가 그 대표적인 예입니다. 지금은 거의 사용하지 않지만, 예전에는 마을마다 상여가 있었습니다. 초상이 나면 마을 사람끼리 서로 도와가며 품앗이를 했지요. 상부상조의 미풍양속입니다.

요즘은 상조 회사에서 살아생전 타보지도 못했던 리무진으로 모신다고 광고를 합니다. 돌아가신 다음에 태워드리면 무슨 소용이 있나요? 생전에 하다못해 관광버스 여행이라도 보내드리는 게 옳지요.

여輿와 모양이 비슷한 한자, 여與는 '더불어' '주다'의 뜻이 있습니다. 여민동락與民同樂, 백성과 함께(더불어) 즐긴다는 의미의 성어가 있고 수여授與, 증여贈與 등의 단어에도 씁니다.

뉴스를 보다 보면 '여야' '여야 정당' 하는 말이 자주 등장하지요? 여야與野의 여는 '당여黨與'라는 의미로 '같은 편에 속하는 사람'을 일컫습니다. 즉 정권과 함께하는 사람입니다. 야는 '민간 또는 정권을 담당하지 않은'이란 의미로 조야朝野, 하야下野, 재야在野 등에서 살펴볼 수 있겠습니다. 역사상 영원한 '여'도, 영원한 '야'도 없습니다. 아무쪼록 여야가 상식을 벗어나지 말고, 사리사욕에 빠지지 말고, 서로 헐뜯고 비난하느라 온 정신을 팔지 말고, 오로지 국민을 위해 나라를 잘 이끌어주기를 바라는 건 우리 모두의 여망입니다.

# 백두산 정상에서 바라보니
# 참으로 장엄했습니다

흰 백白  머리 두頭  뫼 산山

백두산白頭山은 우리나라에서 가장 높은 산이며 민족의 성산聖山입니다. 그런데 중국 사람은 백두산을 장백산長白山이라 부릅니다. 왜 백두산이라 부르지 않고 장백산이라 할까 의아했던 적이 있었습니다.

백두산과 장백산의 원래 이름은 '불함산不咸山'입니다. 고려 시대, 조선 시대 문헌을 보면 백두산과 장백산은 함께 쓰였고, 다산 정약용과 연암 박지원도 백두산과 장백산을 구별하지 않고 썼으니 모두 불함산의 이칭異稱이라고 볼 수 있겠지요.

우리는 '산머리[頭]에 하얀[白] 눈이 있어서' 백두산이라 했고, 중국 사람은 '산 정상이 오랜[長] 시간 동안 하얗다[白]고 해서' 장백산이라 했습니다. 같은 산을 두고 바라보는 시각이 달랐던 겁니다. 또 조선 시대 문헌에는 백두산의 눈도 눈이지만, 정상 부근에 있는 흰 부석 때문에 늘 하얗게 보여서 그렇다는 기록도 있습니다.

몇 해 전, '장백산 생수' 모델을 하려던 연예인이 곤욕을 치른 적이 있었지요. 비난의 초점은 "대체 왜 동북공정東北工程의 대상인 장백산이라는 이름의 생수 모델을 하느냐"라는 것이었습니다.

당시 저는 이러한 관점이 좀 편협한 게 아닌가 싶어 반박하는 칼럼을 썼습니다. 중국 정부에서 백두산의 명칭을 장백산으로 하여 '유네스코 세계자연유산'으로 등록하려는 움직임 때문에 민족 감정을 불편하게 한 것은 충분히 마음 상하는 일이지만 그 불똥이 '장백산 생수' 모델에게 튀는 것은 부당하다고 생각했습니다. 중국에 '장백산'이라는 담배가 있습니다. '장백산 담배'를 피우면서 '장백산 생수'를 마신다고 동북공정을 동의하는 것은 아니니까요. 그냥 피우고 마실 뿐입니다. 하지만 코로나19에 대응하는 중국의 태도를 보니 그때 제가 괜한 소리를 했나 보다, 싶어지기도 했습니다.

지난 평창올림픽 북측 예술단 대표 현송월이 부른 노래 제목이 〈백두에서 한나까지〉입니다.

한라산漢拏山은 산 정상에서 하늘에 펼쳐있는 한漢 즉, 은한銀漢(은하수)을 손으로 '나拏', 당길 수 있다고 지은 이름입니다. 손을 쭉 뻗어 은하수를 당길 수 있을 정도로 높다는 것인데 표현이 참 낭만적이지요? '하늘에서 별을 따다 두 손에 담아드려요'라는 광고 음악이 떠오릅니다. 북한에서는 아직 '한나산'이라 부르고, 우리는 활음조 현상으로 '한라'가 되었습니다.

참고로, 압록강鴨綠江은 강물의 색깔이 청둥오리[鴨]의 머리처럼 '푸르다[綠]' 해서 붙여진 이름입니다. 실제로 청둥오리를 보니 목덜미까지 짙푸르더군요.

# 직접 보자,
# 백문불여일견이라잖아

일백 **백百** 들을 **문聞** 아니 **불不** 같을 **여如** 한 **일一** 볼 **견見**

'백 번 듣는 것이 한 번 보는 것만 못하다'라는 뜻의 성어입니다. 우리 속담인 줄 아는 사람이 많은데요, 《한서》〈조충국전〉에 실려 있습니다.

여如는 '같다'는 뜻입니다. 만사여의萬事如意는 '모든 일이 뜻한 바와 같음'이며 여의주如意珠는 '뜻하는 대로 되는 구슬'을 이르는 말입니다.

문법으로 좀 더 설명해보자면, 'A 不如 B'는 'A는 B 같지 아니하다' 'A는 B만 못 하다'로 '不如'는 비교 용법입니다.

백문불여일견百聞不如一見은 예로부터 '백문百聞이 불

232

여일견不如一見이라'고 읽었습니다. 여기서 '이'와 '이라'는 한문 문장을 쉽게 이해할 수 있도록 덧붙인 우리말 토吐로 조사 역할을 하는데요, 이렇게 하는 것을 현토懸吐, 토를 단다고 합니다.

그런데 많은 사람이 '이라'는 빼고 보통 "백문이 불여일 견"이라고 읽고 있습니다. 우리말 토인 '이'를 붙여 백문百 聞이 주어인 것을 분명히 한 겁니다. 습관적으로 이렇게 읽 다 보니 우리말 토인 '이'를 한자로 착각하는 경우가 왕왕 생 겼습니다. 백문이불여일견百聞以不如一見 또는 백문이불 여일견百聞而不如一見이라고 '以'와 '而'를 써놓는 것이지 요. 둘 다 잘못된 것입니다.

일각여삼추一刻如三秋, '짧은 시각도 삼 년처럼 길게 느 껴진다'에서도 같은 오류가 나타납니다. "일각一刻이 여삼 추如三秋라"고 하다가 "일각一刻이 여삼추如三秋"라고 읽 게 되고, 이때 '이'를 두고 '以'와 '而'라고 한자를 써놓는 똑 같은 실수가 반복되는 겁니다. 초록동색草綠同色을 '草綠은 同色'이라 하는 것도 그러합니다.

〈왕소군〉이라는 한시 중에 이런 구절이 있습니다.

胡地無花草

(오랑캐 땅에는 꽃과 풀이 없네.)

전해오는 이야기로, 하루는 훈장님이 이 구절 ‘호지무화초’를 넣어 시를 지어오라고 제자들에게 숙제를 내주었다고 합니다. 다음 날, 한 학동이 이렇게 지어왔습니다.

胡地無花草, 胡地無花草. 胡地無花草, 胡地無花草.

똑같은 구를 연이어 써온 것이지요. 이를 본 훈장님은 장난친 것으로 생각하고 나무랐는데, 이 학동은 다음과 같이 풀이를 했다고 합니다.

胡地에 無花草라 하니

(오랑캐 땅에는 꽃과 풀이 없다고 하니)

胡地無花草리오

(어찌 땅에 꽃과 풀이 없으리오.)

胡地無花草리오마는

(어찌 땅에 꽃과 풀이 없으리오마는)

胡地라 無花草라

(오랑캐 땅이라 꽃과 풀이 없다네.)


　　참고로 호胡는 '오랑캐'와 '어찌'라는 두 가지 뜻이 있습니다. 이 시를 지은 학동의 재치가 번뜩이지요? 이렇듯 우리말 토를 어떻게 다느냐에 따라 얼마든지 새롭고 재미있는 풀이가 가능해집니다. 백번 대충 듣는 것보다 직접 한자를 익히니 한번 보아도 도움이 많이 되지요?

# 그분은 우리 민족의 **사표**예요

## 스승 **사師** 본보기 **표表**

스승으로서의 본보기, 학식과 덕행이 높아 남의 본보기가 될 만한 인물을 사표師表라 합니다. 사표의 표表는 '본보기' '모범'의 뜻인데 일반적으로 표表는 '겉'이란 뜻으로 표지表紙, 표면表面, 표피表皮 등이 그 예입니다.

우리에게 익숙한 성어, 표리부동表裏不同은 '겉과 속이 같지 않음'을 뜻합니다. 요즘 '겉바속촉'이라는 표현이 유행처럼 쓰이더군요. '겉은 바삭하고 속은 촉촉하니' 음식으로는 최고지만 인간으로서 결코 할 짓이 아닙니다.

표리부동의 리裏는 글자 모양이 좀 복잡하게 보이지요?

그러나 가만 들여다보면 의외로 간단한 글자입니다. '옷 의衣'와 '마을 리里'가 합쳐진 것으로 의衣가 부수이기도 하지만 아래위로 쭉 벌리고 그 안에 리里가 들어가 있습니다. 물론 리里는 음이고요. 이처럼 하나의 한자를 나누거나 합하여 보는 것을 '파자破字'라고 합니다. 한자의 자획을 나누거나 합쳐서 맞추는 수수께끼라고 생각하면 이해하기 편할 겁니다.

리裏는 '속, 안'이라는 뜻으로 표表의 상대자입니다. 예전에 수표를 주면 "이서裏書를 해 달라"고 했습니다. '이서'는 수표 겉면이 아닌 안쪽 면에 인적 사항을 쓰는 행위이지요. 배서背書도 같은 뜻인데, 배背가 '등'을 뜻하니 뒷면인 셈입니다. "뇌리腦裏를 스치다"의 리裏도 '안, 속'의 뜻입니다. 이면지裏面紙도 종이의 뒷면입니다.

제갈량의 충정을 담은 글로 유명한 〈출사표出師表〉를 아는지요? 출사표에도 사표師表가 들어 있으나 의미는 전혀 다릅니다. 출사표의 사師는 '군사'이며, '임금에게 올리는 글'을 표表라고 합니다. 즉 출사표는 '군사를 출병시키며 임금께 올리는 글'이지요.

그럼 글을 마치기 전에, 한자의 자획을 나누거나 합치는 '파자'를 더 소개하도록 하겠습니다.

조광조를 죽음에 이르게 한 주초위왕走肖爲王이 바로 그런 예입니다. '走肖'를 합치면 '趙'이니 '趙가 왕이 된다'입니다. 못된 자들은 나쁜 쪽으로 머리를 기막히게 씁니다. 그는 터무니없는 모함을 받고 억울하게 세상을 떠났습니다.

문제를 하나 내볼까요? 左糸右糸中言下心은 무슨 글자일까요?

왼쪽 糸, 오른쪽 糸, 가운데 言, 아래 心
→ 戀(련)'입니다.

그럼 皇頭帝足은 무슨 글자일까요?

皇의 머리 부분[頭]과 帝의 다리 부분[足]을 모으면,
→ 帛(백)입니다.

제가 낸 퀴즈에 여러분만 골치 아플 수는 없겠지요? 예전

에 저 또한 머리를 싸매고 끙끙 매달렸던 문제가 있었습니다. 북경사범대학에 있을 때였는데요, 당시 한 중국 교수가 낸 퀴즈였습니다. 영 모르는 얼굴을 하자 그냥 답을 알려주겠다고 했는데 괜스레 오기가 나더군요. 해결해볼 테니 조금만 기다려달라고 고집을 피웠습니다. 금방 해결할 수 있을 줄 알았는데 별의별 방법을 동원해서 골똘히 생각해봐도 전혀 모르겠더라고요. 결국 포기하고 말았습니다. 나중에 들어보니 중국 사람들도 잘 모르는 문제라고 합니다.

'劉備哭, 劉邦笑(유비는 울고, 유방은 웃는다)'는 무슨 글자일까요?

네, 바로 이 문제입니다. 과연 답은 무엇일까요? 찬찬히 과정을 살펴보겠습니다.

유비는 의형제 '관우關羽가 죽자' 울었고, 유방은 천하 통일의 최대 걸림돌이었던 '항우項羽가 죽자' 웃었습니다. 중국 역사에 대해 알아야 풀어볼 수 있겠지요?

關羽와 項羽의 공통 글자는 우羽이며, '죽다'는 졸卒입니다. 따라서 羽와 卒 두 자를 합친 翠(비취색 취)가 답입니다.

이것을 풀겠다고 고집 피우며 사흘을 끙끙 매달렸으니,

돌이켜봐도 싱거운 웃음이 납니다.

중국에서는 어린 자녀에게 이런 종류의 문제를 내고 풀게 한다고 합니다. 주입식 교육이 아니라 계속 생각하면서 스스로 해결하게끔 하는 것이지요. 충분히 배워볼 만한 방식이라고 생각됩니다. 가기 싫다는 학원에 아이들을 무조건 보내지 말고, 스스로 생각하여 문제를 해결하는 힘을 길러주는 것이 바른 교육일 겁니다. 그러고 보니 우리도 요즘은 '자기주도' 학습을 많이 하던데…… 어떠한가요?

# '학위인사'는
# 스승의 기본 덕목입니다

배울 **학學** 될 **위爲** 사람 **인人** 스승 **사師**

앞에서 이어, 중국에서 지냈던 이야기를 좀 더 해보겠습니다. 벌써 20년도 전의 일이군요. 2000년, 북경사범대학에서 수학할 기회가 있었습니다. 북경사범대학은 교사 양성을 목적으로 한 중국 10대 중점대학입니다. 교내 커다란 바위에 교훈인 '學爲人師, 行爲世範(학위인사, 행위세범)'이라는 글씨가 새겨져 있었습니다. 중국에서 인품이 훌륭하기로 이름난 계공이라는 분이 쓴 것이라고 하더군요.

이 글귀는 송나라 고종이 공자의 일흔두 명 제자에 대해 평을 하면서 공자가 가장 아꼈던 '안연顏淵의 사람됨'에 대해 칭찬한 내용입니다.


學爲人師

(학문은 다른 사람의 스승이 되었고)

行爲世範

(행실은 세상에 모범이 되었다.)


이는 사범대학의 '사범師範'의 유래라, 그곳을 지날 때마다 의미를 되새기고는 했습니다. 그 후 2006년, 사범대학 학장이 되고 나서 이 글귀를 사범대학 모든 행사에 쓰고 설명을 해주었습니다. 보고 또 보아도 선생님의 자세를 일깨우는 좋은 내용이라고 생각했습니다.

학위인사學爲人師는 누구를 가르치기 위한 당연한 조건입니다. 알아야 가르칠 수 있기 때문입니다. 그렇다고 학위인사만 하면 단순한 지식 전달자에 지나지 않을 겁니다. 저는 늘 학생들에게 "한 마디 말과 한 가지 행동으로 사람을 변화시킬 수 있는 직업은 선생님밖에 없다"라고 일러주었습니다. 그만큼 선생님은 존귀한 직업이라고 여겼습니다.

학생을 변화시키려면 학생에게 신뢰를 얻어야 합니다. 그러기 위해서는 선생님의 말과 행동이 진실되고 모범이 되어야 합니다. 그래서 '행위세범'이 중요한 덕목이 되는 겁니다. 그런데 현실적으로 어렵고, 또 어렵습니다. 선생님도 자본주의 사회를 살아가는 '생활인'인 까닭입니다. 우리가 사는 세상은 인터넷 검색을 통해 세세한 모든 것을 알 수 있습니다. 따라서 학위인사보다 행위세범이 갈수록 더 비중이 높아지는 덕목이 될 겁니다.

'선생님이 해준 말씀'과 '선생님이 보여주었던 행동' 가운데 학생들의 뇌리에 오랫동안 남아 있는 것이 하나라도 있다면 그분이 참스승이라고 생각합니다. 하지만 아쉽게도 학창 시절을 되돌아볼 때, 그런 선생님을 떠올리기란 쉽지 않습니다. 기억조차 하기 싫은, 기억에서 싹 지우고 싶은 선생님도 있을 겁니다. 안타까운 일이지요.

우리나라 '스승의 날'은 5월 15일입니다. 왜 그날을 스승의 날로 정했는지 아는 사람은 많지 않습니다. 그날은 바로 세종대왕께서 태어난 날입니다. 세종대왕의 업적이야 그 누가 부정할 수 있겠습니까? 한글 창제로 만백성이 문자 생활을 할 수 있게 하셨으니 자격이 충분할 겁니다. 그러나 엄밀한 의미에서 세종대왕은 스승과는 거리가 있습니다. 우리에게 누구나 공감하고 인정할 만한 '민족의 스승'이라 불릴 분이 없다는 것이 아쉽습니다.

일본은 유네스코와 국제노동기구(ILO)에서 정한 '세계 교사의 날'인 10월 5일을 스승의 날로 정했습니다. 대만은 9월 28일이 교사절敎師節, 즉 스승의 날입니다. 이날은 공자께서 태어난 날입니다. 만세사표萬世師表, 영원한 스승이라 불리는 공자의 탄생일을 기념일로 정한 겁니다.

중국은 스승의 날이 9월 10일입니다. 공자는 이미 문화대혁명 때 거센 비판을 받았으니 공자 탄생일을 스승의 날로 정하는 게 불가능했겠지요. 한때 마르크스의 생일인 5월 5일을 스승의 날로 검토한 적이 있다고 합니다. 왜 9월 10일로 정했는지 분명한 근거는 없습니다. 중국은 9월이 신학기이니까, 새 학기가 시작되면서 '스승을 존숭尊崇하는 자세'를 갖게 하려고 9월 10일을 스승의 날로 정했다는 이야기도 있습니다.

또 다른 가설은 이러합니다. '선생님'을 중국어로 '교사敎

244

師'라고 하는데 발음이 'jìao shī'이거든요. 그래서 jìao shī와 발음이 비슷한 'jiǔ(9) shí(10)' 즉 9월 10일을 스승의 날로 정했다는 이야기입니다. 요즘 중국에서는 공자 탄생일을 스승의 날로 변경하려는 움직임도 있다고 합니다. 홍콩은 대만처럼 처음에는 9월 28일을 스승의 날로 지정해왔으나 중국 반환 후 9월 10일로 바꾸었습니다.

흔히 "어린이날만 어린이를 위한 날이냐" "어버이날만 어버이를 위한다는 거냐" 하는 이야기를 합니다. 웃고 넘기는 농담 같지만 사실 정곡을 꿰뚫는 예리한 지적이라는 생각도 듭니다. 특정한 날에 상관없이 늘 존중하고 배려하고 아끼는 마음을 가지는 게 중요하지 않겠느냐는 성찰을 주니까요.

스승의 날이 몇 월 며칠이든 그것이 얼마나 크게 중요한가 싶습니다. 학생은 선생을, 선생은 학생을, 진심으로 존중하고 이해하는 마음이 그 어떤 날에도 변함없기를 소망해봅니다.

표리부동表裏不同은 '겉과 속이 같지 않음'을 뜻합니다.
요즘 '겉바속촉'이라는 표현이 유행처럼 쓰이더군요.
'겉은 바삭하고 속은 촉촉하니' 음식으로는 최고지만
인간으로서 결코 할 짓이 아닙니다.

# 부디 고진선처 바랍니다

높을 **고高** 볼 **진診** 잘 **선善** 처리할 **처處**

병원에서 주는 진료의뢰서를 보면 끝에 '고진선처 바랍니다'라고 씌어 있곤 합니다. 고진선처는 우리나라에서만 쓰는 한자어인데 표준국어대사전에는 등재가 안 되어 있습니다. 〈네이버〉와 〈다음〉 국어사전을 보면 고진선처는 한자로 苦盡善處라 쓰고, 뜻은 '고생하더라도 잘 처리해주십시오'라고 풀이했습니다.

그러나 고진苦盡의 진盡은 '끝나다'라는 뜻입니다. 고진감래苦盡甘來처럼 '고생이 끝나다'라는 의미로 쓰는데 어쩐 일인지 본래 뜻은 슬그머니 빠지고 단지 '고생하다'라고 풀이한 것도 이상합니다. 또, 진盡은 '다하다'는 뜻도 있긴 합니다. 진력盡力이라고 쓰니까요. 그러면 '고생을 다해서'라고 풀이해야 하는데, 부탁하는 사람이 상대에게 이렇게 써서 보낼 수 있을까요? 예의가 아닙니다.

따라서 고진苦盡은 고진高診으로 바꾸어야 바른 의미가 됩니다. 중국에서 고진高診은 우리나라의 '특진特診'과 비슷한 뜻입니다. 그리고 일본에는 '고진의뢰서高診依賴書'라는 것이 있는데 자기 환자를 다른 의사에게 정중하게 부탁하는 문서이기도 합니다.

우리나라에서 언제 누가 고진선처라는 말을 쓰기 시작했는지 알 수 없습니다. 앞에서 누누이 말했듯, 누가 한 번 두번 쓰게 되니 제대로 뜻을 살피지 않은 채 습관적으로 따라 썼겠지요. 아마 일본의 고진의뢰서 영향인 것 같다는 생각을 해봅니다. 한글로 고진선처라 쓰니 본뜻이 무언지 알 수 없게 되었고 누군가 苦盡善處라는 엉뚱한 한자어도 만든 것입니다.

苦盡善處는 高診善處로 바꿔야 하고, 뜻풀이도 '고생하더라도 잘 처리해주십시오'가 아니라 '높은 수준의 진료로 잘 처리해주십시오'로 고쳐야 합니다. 高診善處는 진료를 부탁하는 상대 의사에 대한 강한 존경과 정중한 부탁의 의미를 담고 있다는 점을 알아두면 좋겠습니다.

# 칠전팔기의
# 끈질긴 도전 정신을 발휘했어요

일곱 **칠七** 넘어질 **전顚** 여덟 **팔八** 일어날 **기起**

　강의 시간에 가끔 엉뚱한 질문을 던지곤 했는데요. 어느 날 칠전팔기七顚八起에 대해 이야기하다가 무심코 학생들에게 이렇게 물어보았습니다.

　"한 번 넘어지면 한 번 일어나고, 두 번 넘어지면 두 번 일어나니 칠전칠기七顚七起라고 해야 맞지 않나? 왜 일곱 번 넘어졌는데 여덟 번 일어나지?"

　당연히 학생들은 당혹해하는 눈치였고 곧 제가 당혹해할 처지가 되었습니다. 깊이 생각하고 던진 질문이 아니었거든요.

칠전팔기는 '일곱 번 넘어지고 여덟 번 일어난다'라는 뜻으로 여러 번의 실패에도 굴하지 않고 분투함을 일컫습니다. 그럼 칠전팔기는 중국, 한국, 일본 가운데 어느 나라에서 만든 성어일까요?

칠전팔기는 일본에서 만든 성어입니다. 중국에서는 쓰지 않고 우리나라와 일본에서만 씁니다. 사실 전顚과 기起를 '넘어지다'와 '일어나다'는 동작으로 풀이하면 논리적인 설명이 도저히 불가능합니다. 왜냐고요? 다음의 세 가지 주장을 살펴보도록 하지요.

첫째, 일곱 번 넘어지고 여덟 번 일어날 수는 없다. 둘째, 일곱 번째 넘어지고 여덟 번째는 일어난다고 해도 말이 안 된다. 왜냐하면 여덟 번째 일어나기 위해서는 일단 여덟 번째 넘어져 있어야 하기 때문이다. 셋째, 〈나무위키〉를 보니 넘어지려면 먼저 서 있어야 하니 起-顚-起-顚……으로 하면 기起가 여덟 번이 되며 기起는 '도전'이라는 뜻이라고 했다.

오죽 답답하면 이런 억지스러운 이야기를 만들었을까요?

중국에 칠전팔도七顚八倒라는 성어가 있습니다. 13세기 《주자어류》에 실려 있으니 꽤 오래되었습니다. '일곱 번 넘어지고 여덟 번 넘어진다'라는 뜻으로 수없이 실패를 거듭함을 이릅니다.

그래서 제 나름의 합리적 의심을 해보았습니다. 혹시 일본에서 이 성어를 활용하여 '넘어지다'라는 도倒 대신 '일어나다'라는 기起를 타이어 바꿔 끼우듯 넣어 '칠전팔기'를 만든 게 아닐까 하고요.

칠전팔기는 '넘어졌다가 일어나는', 이어지는 행동으로는 풀이할 수 없고 비유적인 표현으로 생각해야 합니다. 넘어지는 것[顚]은 실패, 일어나는 것[起]은 성공의 의미로 파악해야 온전히 이해할 수 있습니다. '일곱 번째까지 실패했지만 여덟 번째는 성공했다'라고, 계속 실패하더라도 끝까지 이를 악물고 재기하는 의지와 도전 정신을 높이 이르는 말입니다.

1977년 파나마에서 홍수환 선수가 카라스키아 선수와 세계 타이틀 매치를 했는데, 2회에서 네 번이나 다운된 뒤 3회에 들어 극적인 KO승을 거두었습니다. 체념하고 있던 모든 국민이 그야말로 크게 열광했지요. 환호성이 아직도 귀에 맴돕니다. 다음 날 신문마다 '사전오기四顚五起의 신화'

라고 극찬을 했는데 홍선수는 4번 넘어지고 4번 일어났습니다. 5번 일어나지 않았습니다. 그렇다고 '사전사기四顚四起의 신화'라고 할 수는 없습니다. 왜냐하면 칠전팔기七顚八起 때문입니다.

# 대홍수에 대비하여
# 노아에게 **방주**를 만들게 했어요

모 **방方** 배 **주舟**

방주方舟는 '네모 모양의 배, 커다란 배'를 뜻합니다.

방方은 '네모'라는 뜻입니다. 대표적으로 방안지方眼紙가 있습니다. '모 방方, 눈 안眼, 종이 지紙'로 '모눈종이'라 풀어쓰기도 합니다. 표창장에 쓰는 '태도가 방정하다'의 방정方正도 '네모지고 반듯하다'로 '말이나 행동이 바르고 점잖음'을 의미합니다.

창세기에 언급한, 120년간 만들었다는 방주의 크기를 현재의 단위로 환산하면 '길이 135미터, 폭 23미터, 높이 14미터'쯤 된다고 합니다. 이 기록에 의하면 직사각형의 배인 셈입니다. 방주는 네모 모양의 배뿐 아니라 커다란 배라는 뜻도 있으니, 아마 성경을 번역하면서 커다란 배의 의미를 취한 것 같습니다.

'노아의 방주 전설'의 원형이라 여겨지는 '바빌로니아 전설'에는 방주가 목적지가 있는 것이 아니라 단순히 물에 떠 있기만 하면 되기에 배의 밑바닥은 편편하고 모양은 네모난 상자와 같다고 했습니다. 이 전설에 의하면 방주는 한자 뜻 그대로 '네모난 배'가 맞는 것 같습니다. 그런데 본 사람이 아무도 없으니…… 어쨌든 창세기의 기록을 따라 '커다란 배'라 해야겠지요.

깔고 앉는 방석方席도 한자로는 '네모난 깔개'인데 지금은 네모난 것, 둥근 것 모두 씁니다. 또한 방안지를 모눈종이라고 우리말로 쓰는 것은 대찬성입니다. 특히 교과서에 나오는 용어는 우리말로 변환할 수 있는 것은 모두 바꾸는 게 옳습니다. 어릴 적 무슨 뜻인지도 모르고 달달 외웠던 것들이 이렇게 바뀌었더군요.

• 즐문토기櫛文土器 → 빗살무늬 토기

- 마제석기磨製石器 → 간석기
- 타제석기打製石器 → 뗀석기
- 무문토기無文土器 → 민무늬토기
- 옹관묘甕棺墓 → 독무덤
- 적석총積石塚 → 돌무지무덤
- 동경銅鏡 → 구리거울

바람직하고 권장할 일입니다. 다시 방주 이야기로 돌아가서, 이제는 노아의 방주보다 더 큰 배를 만들어도 아무 소용이 없지 않을까 싶기도 합니다. 크루즈 여행을 갔다가 코로나19 때문에 낭패 본 사람들을 보았을 겁니다. 오가지도 못하는 신세가 되었습니다. 자연재해보다 더 무서운 바이러스가 지구 끝까지 쫓아옵니다. 아무리 돈이 많아도 피할 곳이 없습니다.

자연과 환경을 파괴한 대가가 얼마나 혹독한지 인간의 생활 방식에 대해 이제라도 냉정하게 성찰해보아야 하지 않을까요?

# 전격적으로 장관을 경질했습니다

바꿀 **경更** 갈마들 **질迭**

어떤 직위에 있는 사람을 다른 사람으로 바꾸는 것을 경질更迭이라고 합니다. 질迭은 '갈마들다' '번갈아들다'라는 뜻입니다. 교대交代, 교체交替와 같은 의미입니다.

更은 두 가지 음이 있습니다.

첫째, 경: '바꾸다, 고치다'의 뜻입니다. 예를 들어 변경變更, 추가경정追加更正 등의 단어가 있지요.

둘째, 갱: '다시'라는 뜻입니다. 갱생更生, 갱년기更年期, 갱지更紙 등의 단어가 대표적 예입니다. 갱지는 '지면이 좀 거칠고 품질이 낮은 종이'로 폐지와 재활용 펄프를 다시 가

공하여 만들기에 '다시 만든 종이', 갱지라 합니다.

의외의 경우도 있습니다. 更新은 '갱신' 또는 '경신'으로 모두 읽습니다. 국제 경기에서 흔히 들던 '기록을 갱신(다시 새롭게 함)하다' '기록을 경신(바꾸어 새롭게 함)하다'로 모두 쓰지만, 유효기간이 만료되는 여권, 면허 등은 갱신을 쓰고 경신이라 하지 않습니다.

백화점에 가서 옷을 살 때 그 옷을 입어보는 공간이 있지요? 주로 한글이나 영어가 쓰여 있지만 아주 가끔 '갱의실'이라 적힌 곳도 보게 됩니다. 지금은 탈의실이라고 쓰지만 예전에는 병원에도 '갱의실'이라 쓰여 있었습니다. 그런데 '갱의실'이라고 하면 '다시 갱'의 뜻이니 '다시 옷 입는 공간'으로 벗었던 내 옷을 다시 입어야 하는데, 그곳에 갈 이유가 없습니다. 그러니 '경의실'이라고 써야 옳습니다. '바꿀 경'의 뜻으로 '옷을 바꿔 입는 공간'입니다.

중국에서는 시의간試衣間이라고 하더군요. '시험 삼아 옷을 입는 공간'이라는 뜻인데 '경의실'보다 의미가 분명하다는 생각이 들었습니다. 옷을 샀으니 한번 입어봐야 하지 않겠습니까?

# 각 당은 **부동표** 공략을 위한
# 전략을 세우고 있어요

뜰 **부浮** 움직일 **동動** 표 **표票**

부동표浮動票는 '일정한 거처 없이 이리저리 돌아다니는 뜨내기 표'입니다. 투표일이 다가와도 누구에게 표를 줄지 결정하지 못하고 두리번거리는 사람들을 이르는 말이지요. 특정 정당 또는 후보자를 확정하지 않아 변화할 가능성이 있는 표를 의미합니다.

학생들에게 부동표를 한자로 써보라고 하면 대부분 不動票라 쓰더군요. 부동산不動産이라는 단어에 익숙해서 그런 것 같기도 합니다. "부동不動은 '움직이지 않는다'는 뜻으로 이미 고정된 것인데 방송에서 왜 결정하지 못했다고 하지?"

라고 되물어보면 머리만 긁적입니다.

부동표의 부浮는 '뜨다'라는 뜻의 한자입니다. 부력浮力, 부침浮沈(떠오르고 잠김, 세력이 성하고 쇠함), 부상浮上(떠오름) 등에 씁니다. 즉 부동浮動은 '물에 떠서 움직이다'라는 뜻으로 '고정되어 있지 않고 떠돌아다님'을 이르지요. 부평초浮萍草처럼요.

선거 때가 되면, 아직 정당이나 후보를 결정하지 못한 부동층浮動層이 꽤 있을 겁니다. 선거와 관련한 한자 이야기를 들려드리지요.

우리나라는 한자 교육은 하지 않으면서 매년 '올해의 성어'를 발표합니다. 박정희, 김영삼, 김대중, 이명박 대통령 때까지 매년 했던 것 같습니다. 그러나 우리 기억에 남아 있는 성어는 단 하나도 없습니다.

김영삼 대통령 임기 마지막 해인 1997년, 청와대로부터 '신년 휘호'로 적당한 성어를 제안해달라는 요청을 받았습니다. 물론 총장께 요청한 것인데 총장께서 성대신문사 주간 교수인 제게 다시 부탁하신 겁니다.

며칠 고심하다가 임기 말이라는 데 착안하여 '유시유종有

始有終 (처음이 있으면 끝이 있음)', 마무리를 잘하겠다는 의미로 택하여 보냈는데 얼마 뒤 텔레비전에서 대통령이 직접 붓을 들고 有始有終을 쓰는 장면을 볼 수 있었습니다.

한자를 상용하는 중국과 일본에서 '올해의 한자'는 단 한 글자입니다. 그해 날이 너무 더웠으면 서暑, 물가가 올랐으면 창漲, 이런 식입니다.

우리는 한자 한 글자 가르치지도 않으면서 대통령과 교수신문까지 나서서 한자도 복잡하고 뜻도 어려운 성어를 매년 발표합니다. 그런데 발표하고 난 다음 날 몇 사람이나 기억하고 있을까요? 단언컨대 열 명도 되지 않을 것입니다. 그런데도 굳이 하고 있습니다. 2015년 교수신문이 선정한 올해의 성어는 '혼용무도昏庸無道(세상이 온통 어지럽고 무도하다)'였습니다. 그해 중국은 공무원의 청렴을 강조하여 '렴廉', 일본은 안보 문제를 강조하는 '안安'이었습니다.

한국고전번역원 원장 재임 시절 '올해의 한자'를 한 글자로 선정하여 발표한 적이 있습니다. 한 글자로 하면 기억하기도 좋고, 의미를 강하게 전달할 수 있는 장점도 있어서입니다.

당시 남북 관계와 노사 문제로 온 나라가 시끄러울 때였습니다. 그래서 조화調和와 화해和解의 의미로 '화和'로 했고, 다음 해에는 마침 20대 국회의원 선거가 있었던 터라 '성省'으로 정했습니다. 성은 '살피다'라는 뜻으로 '누가 국민을 위해 선공후사先公後私의 정신으로 열심히 일할지 잘 살펴보자'는 의도에서였습니다.

'하나같이 마음에 안 드는' 이들이 모여 있는 게 정치라고 해도 선거는 때마다 다가옵니다. 아직 후보나 정당을 택하지 못한 부동층일지라도 무관심보다는 관심으로, '성省' 이 한자만은 꼭 기억해두면 좋겠습니다.

# 대체 성적이 **가**가 뭐니?

### 가히 **가可**

초등학교에서 시행하던 '수우미양가'의 서열식 평가 방식은 1998년 폐지되고 학습 성취도를 기술하는 방식으로 바뀌었지요? 수우미양가를 안다고 하면 혹시라도 나이가 많아 보일까 염려되는 분도 있을까요? 여하튼 오늘은 이 이야기를 나누어보려고 합니다.

예전에는 수우미양가로 성적을 평가했습니다. 수秀는 '빼어나다', 우優는 '뛰어나다', 미美는 '아름답다', 양良은 '양호하다'를 뜻합니다. 그 성적이 미나 양이라 하기는 피차 좀 멋쩍으나 더 열심히 힘내라는 격려였을 겁니다.

그리고 마지막 가可는 '할 수 있다, 할 만하다'라는 뜻입니다. 지금은 부족하고 못 하지만 앞으로 '잘할 수 있다' '충분히 할 만하다'는 배려와 북돋움을 의미하니, 얼마나 교육적이고 인간적인가 싶은데…… 저만 그런 생각을 했을까요?

가는 '옳다'라는 뜻입니다. '옳건 그르건'을 뜻하는 가부可否라는 단어가 대표적인 예입니다. '가타부타'는 '가可인지 부否인지'라는 뜻으로 '옳다느니 그르다느니 함'입니다. "가타부타 말이 없으니 그 속을 알 길이 없다"라며 주먹으로 가슴을 쾅쾅 두드리는 장면, 드라마에서 본 적이 있을 겁니다.

그런데 사실 가는 '옳다'보다 '가히'라는 뜻으로 더 많이 씁니다. '가히'는 '능히'와 같은 의미지요. 앞서 말한 '할 만하다, 할 수 있다'로 가변可變은 '변할 수 있다'이며 가관可觀은 '볼 만하다'입니다.

그럼 수우미양가 평가 방식은 언제부터 시작했을까요?

이를 두고 의견이 분분합니다. 일제강점기 때 했다는 주장도 있으나, 그 시절 성적 평가는 갑甲, 을乙, 병丙, 정丁이었습니다. 1941년에 처음으로 우優, 양良, 가可 3단계로 학생의 품성을 평가하게 됩니다.

이후 1943년 '수, 우, 양, 가, 불가'의 5단계로 성적을 평가했으나 곧 광복을 맞았지요. 일본 대학에서는 아직도 이 5단계 평가 방식을 쓰고 있다고 합니다. 일설에 15~16세기 일본 사무라이들이 적의 목을 베어온 공적에 따라 '수, 우, 양, 가'로 순위를 매긴 것이라 하는데 그 출처는 분명하지 않습니다. 이를 빌미로 '수우미양가' 평가 방식에 대해 비판하는 사람들이 적지 않았습니다.

자료를 살펴보던 중 〈동아일보〉에서 분분한 의견을 종식시킬 단서를 찾을 수 있었습니다. 1981년 8월 29일 자 인터뷰 '가르치다 보니 어느덧 정년'인데요, 당시 동대부속고등학교 심태진 교장께서 정년을 맞은 소회를 기사화한 것이었습니다.

심 교장은 초대 문교부 장관인 안호상 박사를 도와 1946년 8월 '민족교육연구회'를 결성하여 교육계의 '일제 잔재 청산'에 앞장선 분입니다. 심 교장은 1948년 건국 후 장학관이 되어 수우미양가라는 평가 방법을 자신이 직접 창안했다고 합니다. 이를 미루어보면 일제강점기 마지막 몇 년간 '수, 우, 양, 가, 불가'라는 평가 방식을 사용한 것은 사실이나 미미했던 듯합니다. 심 교장은 이 방식에 '안 된다, 할 수 없다'라는 의미의 불가不可라는 비교육적 용어를 없애고 교육적인 용어 미美를 덧붙여 창의적으로 '수우미양가'를 만든 겁니다. 따라서 '수, 우, 양, 가, 불가'의 '가'와 '수우미양가'의 '가'는 미묘하게 느낌이 다릅니다. '수, 우, 양, 가, 불가'의 '가'는 뒤에 있는 단어 '불가' 때문에 허가의 의미로 여겨집니다. '수우미양가'의 '가'는 마지막 단계이지요. 사실상 낙제 점수로 '불가'에 해당합니다. 하지만 '안 된다'는 의미를 지닌 '불가'로 표현하지 않고 '할 수 있다'는 의미를 담아 '가'로 표현했습니다. 낙담하는 학생을 격려하려는 교육적 목적으로 만든 것이지요. 머리를 쓰다듬으며 등을 토닥이는 선생님의 자상함이 느껴집니다.

한때 '가'를 받고 호되게 야단을 맞았던 사람은 억울할 것입니다. 선생님은 "넌 할 수 있다"라고 격려를 해주는데, 부모님은 "넌 도대체 누굴 닮아 이 모양이냐"고 하니……

# 자진 신고하면
## 처벌을 **유예**하겠습니다

### 오히려 유猶 미리 예豫

어떤 민족이든 '말'이 먼저고 '문자'는 나중에 생겼습니다. 문자는 말을 담는 그릇이며 수단이지요. 한자라고 다를 바 없습니다. 모든 한자어는 중국 사람이 하던 '말'을 한자라는 문자로 표기한 겁니다.

중국에서 옛날부터 'yóuyù(요우 위)'라는 말은 '머뭇거리다' 였습니다. 그런데 한자가 만들어진 후 'yóuyù'와 음이 같은 '猶(yóu)'와 '豫(yù)' 두 글자를 골라 유예猶豫가 된 겁니다. 유예猶豫는 유猶의 뜻인 '오히려'나 예豫의 뜻인 '미리'가 합쳐진 것이 아니라 오직 'yóuyù'라는 음으로만 만든 한자어입니다. 따라서 'yóuyù'와 음이 같고 한자가 다른 유여猶與, 유예由豫, 유여由與, 유예游預도 모두 같은 의미입니다.

유예猶豫는 '우물쭈물하며 망설임, 시일을 미루거나 늦춤'을 이르는 말입니다. 중국에서 가장 오래된 사전적 책인 《이아》에 유예에 대한 내용이 나옵니다. 잠시 같이 살펴보도록 하겠습니다.

"산속에 사는 의심 많은 원숭이[猶]가 어디서 소리가 나면 사람이 자기를 해치려는 것으로 의심하고 미리[豫] 나무에 올라갔다가 한참이 지나 내려오는데 잠시 후 또 오르내리기를 계속 반복한다. 그래서 결정하지 못하는 것을 유예라 한다."

요즘은 한 걸음 더 나아가 예豫는 '큰 코끼리'라는 뜻인데 "의심 많은 코끼리가 강을 건널 때 물에 발을 넣었다 뺐다 반복하면서 결정을 하지 못한다"라고 설명합니다. 정말 그러할까요? 〈동물의 왕국〉을 수십 년 보았어도 이런 코끼리를 본 적이 없어서 하는 말입니다.

두 견해 모두 "한자는 표의문자이니 당연히 글자의 뜻으로 만들었을 것이다"라고만 생각하고 말하는 소리[흡]로 만들었음을 모른 겁니다. 그래서 억지로 전설상의 동물이라 하면서 그럴듯하게 지어낸 이야기이지요. 그런 원숭이나 그런 코끼리는 세상에 없습니다. 좀 더 이야기를 덧붙이자면, 현대 중국어에서 유예 류의 단어를 쌍성자雙聲字라고 합니다. 하나 더 소개하지요.

낭패狼狽: 이리 랑狼, 이리 패狽

낭패는 '바라던 일이 실패로 돌아가거나 기대에 어긋나 딱하게 됨'이란 뜻의 한자어입니다. 낭패를 보다, 낭패를 당하다 등으로 많이 씁니다. 그런데 이 또한 그럴듯한 어원을 갖고 있습니다. "전설상의 동물 패狽는 앞다리가 짧아서 항상 낭狼의 등에 다리를 얹고 다니는데 낭狼을 잃으면 움직일 수 없다. 그래서 세상일이 어긋나는 것을 낭패狼狽라 한다"라는 것이지요. 낭狼이 가버리면 다리가 짧은 패狽는 그야말로 '낭패를 보는' 셈이 되니까요.

이 또한 지어낸 이야기입니다. 누구도 본 적 없는 전설 속의 동물이라고 하니, 상상력 하나는 인정합니다만 낭패도

'láng bèi'라는 음만 취해 만든 겁니다.

황홀恍惚, 당돌唐突, 황당荒唐, 당황唐慌, 휘황輝煌 등도 모두 한자의 음으로 만든 것이지 한자의 뜻으로 만든 것이 아닙니다. 황恍을 '황홀할, 황'이라고 하는 것은 황홀이라는 단어가 만들어진 뒤에 '황홀하다'라는 뜻을 붙인 겁니다. 황, 한 글자만으로 '황홀하다'라는 뜻으로 쓰는 예는 없습니다. 황홀, 두 글자일 때 '황홀하다'라는 뜻입니다.

'당황'과 '황당'의 차이를 아는지요? 예전에 이 이야기를 듣고 한참 웃었던 기억이 납니다. 이야기인즉 "누군가 덤프트럭 뒤에서 몰래 소변을 보고 있는데, 트럭이 확 가버리면 '당황'이고 트럭이 후진하면 '황당'이다"라고 하더군요.

오늘 이야기가 좀 지루하셨을까요? 우리말 '알록달록'을 생각해보면 좀 더 이해가 갈 겁니다. '얄록달록' '욜록돌록' '열룩덜룩'이라 틀리게 말해도 우리는 그 의미를 압니다. 왜냐하면 '알록달록'과 같은 계열의 음가音價이기 때문이지요. '알록달록'도 아주 오래전에 선조들이 해오던 말인데 한글 창제 후 이렇게 표기하게 된 겁니다.

이제는 노아의 방주보다 더 큰 배를 만들어도
아무 소용이 없지 않을까 싶기도 합니다.
자연재해보다 더 무서운 바이러스가 지구 끝까지 쫓아옵니다.
자연과 환경을 파괴한 대가가 얼마나 혹독한지
인간의 생활 방식에 대해
이제라도 냉정하게 성찰해보아야 하지 않을까요?

# 그는 경전을
# 쉽게 이해할 수 있도록 번역했어요

지날. 경서 **경經** 법 **전典**

경전經典은 종교의 교리를 적은 책으로 '영원히 변하지 않는 법식과 도리'를 의미합니다.

경經은 '지나다'라는 뜻으로 경과經過, 경로經路가 있습니다. '날줄'이라는 뜻도 있는데 대표적으로 경도經度가 그것이며 위도緯度가 상대어이지요.

추사 김정희 선생이 쓴 〈경경위사〉는 널리 알려진 작품입니다. 즉 경전을 날줄經로 삼고, 역사를 씨줄緯로 삼아 공부하라는 것으로 인간과 사회를 아우르는 '인간 존재의 의미를 탐구하는 큰 공부'를 가리킵니다. 각종 시험처럼 목적을 이루기 위해서 하는 공부와는 본질이 다릅니다.

성경聖經, 불경佛經, 경서經書 등 성인聖人의 말씀을 기록한 책을 왜 경經이라고 할까요?

앞서 말했듯 경經은 베틀의 '날줄'입니다. '씨줄'은 왔다 갔다 하지만 '날줄'은 위치가 정해져서 베 짜기를 마칠 때까지 변함없이 그 자리에 곧게 있지요. 그래서 경은 '변함없다'는 의미로 씁니다. 변하지 않는 도리를 뜻하지요. 그래서 '영원히 변함없는 말씀'이라는 의미로 경을 붙인 겁니다. 인간의 사상, 도덕, 행위의 표준입니다.

2000년도 훨씬 전에 하신 말씀인데 그때도 유효했고, 지금도 유효하고, 2000년 뒤에도 유효할 거라 생각합니다.

사실 '경'은 심오한 철학이 아닙니다. 우리가 평범한 생활 속에서 얼마든지 겪고 느낄 수 있는 겁니다. 이처럼 평이한 말씀이 어떻게 장구한 세월 동안 수많은 사람에게 읽힐 수 있었을까요?

그것은 인간이라는 동물이 지닌 동물적인 DNA가 바뀌지 않아서일 듯합니다. 이기적이고 탐욕스러우며 남을 위해 희생하지 않으려는 동물적인 속성이 그대로 있어서가 아닐까 싶습니다. 2000년이 지나서도 유효한 까닭은 바로 이런 동물적인 DNA 때문이지요.

부처님께서 "욕망은 소금물을 마시는 것과 같다"라고 했습니다. 마시면 마실수록 목이 더 마른 까닭이겠지요. 공자께서는 "사욕을 이겨 예로 돌아가는 것이 인仁이다"라고 했고 맹자께서는 "마음을 기르는 방법으로 욕심을 적게 하는 것보다 좋은 방법이 없다"라고 했습니다.

과학이 아무리 발달하고 인간의 지식이 놀랄 만큼 확장된다 하더라도 인간의 속성은 절대로 바뀌지 않습니다. 그래서 '경'은 영원한 겁니다. 성인의 말씀을 되새기며 스멀스멀 차오르는 동물적 욕망을 억제해야겠습니다. 그래야 사람다운 삶, 더불어 사는 삶을 살 수 있을테니까요.

# 선행을 베풀면
# 복을 받는다고 하잖아요

착할 선善 행할 행行

선행善行을 베푸는 것은 '나누는 마음'입니다. 나눔은 내가 가지고 있는 것을 남에게 베푸는 행위이지요.

사람들은 여유롭고 풍요로워야 나눌 수 있다고 생각합니다. 그러나 진정한 나눔은 때를 가리지 않습니다. 지금 내가 가지고 있는 것 중에서 나눌 수 있는 것을 베푸는 마음, 그 태도가 진정한 나눔일 겁니다. 물질적인 것이든 정신적인 것이든 나의 형편에서 할 수 있는 것을 베풀면 되겠지요.

전남 구례에 가면 〈운조루〉라는 99칸이나 되는 너른 집이 있습니다. 이 댁은 집이 넓고 주변 풍광이 좋은 것으로 알려졌지만 부엌에 있는 큰 뒤주 이야기로도 유명합니다.

뒤주에는 타인능해他人能解, 즉 '다른 사람도 열 수 있습니다'는 글귀가 있습니다. 가난한 마을 사람들에게 나눔의 사랑을 베푼 것이지요. 쌀을 직접 나누어 주면 받아가는 사람들의 자존심이 상할까 염려하여, 뒤주에 쌀을 넣어두고 누구라도 편하게 가져가게 했다고 합니다. 따뜻한 마음으로 상대방을 배려한 겁니다.

'사방 100리 안에 굶는 사람이 없게 하라. 흉년이 든 해에 땅을 늘리지 마라. 만석 이상의 재산은 사회에 환원하라'는 경주 최부자 댁과 함께 아름다운 나눔의 사랑으로 널리 알려져 있습니다. 진정한 노블레스 오블리주(noblesse oblige)를 실천한 두 가문입니다.

이런 아름다운 전통은 어쩌다 우리 사회에서 슬그머니 자취를 감추었을까요? 코로나19로 생활 반경이 확연히 줄어들고 일상생활 자체가 힘겨워진 요즘, 서로 간의 선행과 배려가 아쉽기도 합니다.

선행은 착한 행실을 뜻합니다. 선善은 '착하다'라는 뜻으로 선악善惡, 위선僞善 등의 단어에 쓰며, '좋다'라는 뜻으로 개선改善, 선의善意 등이 있습니다. 또한 '잘'이라는 부사로도 쓰이는데 선방善防, 선전善戰, 선용善用, 선처善處 등이 대표적인 단어입니다.

북송 때 학자 사마광이 쓴 글에 "돈을 모아 자손에게 주어도 반드시 그 돈을 지킬 수 없고, 책을 쌓아 자손에게 주어도 반드시 다 읽을 수 없으니, 남모르게 음덕陰德을 베풀어 자손의 앞날을 위한 계책으로 삼는 것이 낫다"라고 하였습니다.

'음덕'은 선행입니다. 음덕을 베풀면 그 복이 자손 대대로 이어질 것이라는 의미입니다. '적선지가 필유여경積善之家, 必有餘慶'이 바로 이 뜻이지요.

《대학》에는 이런 글이 있습니다.

言悖而出者 亦悖而入
(말이 도리에 어긋나게 나간 것은 또한 도리에 어긋나게 들어오고)

貨悖而入者 亦悖而出
(재물이 도리에 어긋나게 들어온 것은 또한 도리에 어긋나게 나가게 된다)

The ruler's words going forth contrary to right, will come back to him in the same way, and wealth, gotten by improper ways, will take its departure by the same. –James Legge

우리가 재산을 모으는 올바른 방법과 그 목적이 무엇인지, 처지가 어려운 사람들과 더불어 사는 삶의 행복이 어떤 것인지 앞서 살펴본 이야기를 통해 성찰해보면 좋겠습니다.

# 그분의 명예를
# **훼손**해서야 되겠습니까?

## 헐 **훼**毁 상할 **손**損

'체면이나 명예를 손상함' '헐거나 깨트려 못 쓰게 만듦(문
화재 훼손)'을 뜻하는 한자어 훼손毁損을 살펴보겠습니다.

훼毁는 '헐다'라는 뜻입니다. 훼방毁謗은 헐 훼毁, 헐뜯을
방謗을 쓰는 한자어로 '남을 헐뜯어 비방함'을 의미합니다.
훼방꾼은 그야말로 '남의 일을 방해하는 사람'이지요. 또한
훼절毁節은 '절개나 지조를 깨트림'을 이르는 단어입니다.
"일제강점기 때 훼절한 지식인이 있었다"라는 문장, 접한 적
있으신가요?

손損은 '잃다'라는 뜻으로 손실損失, 손익損益 등에 쓰며,

'상하다'라는 뜻으로 손상損傷, 파손破損 등으로도 쓰고 있습니다. 참고로 손損과 연捐은 글자 모양이 매우 비슷합니다. 눈을 크게 뜨고 살펴보도록 하세요.

"재산을 출연하여 장학재단을 만들었다"라는 기사를 접할 때가 있지요. 이때 연捐은 '내다, 기부하다'라는 뜻으로 출연出捐(금품을 내어 도와줌), 의연금義捐金(공익이나 자선 등에 의롭게 내는 돈) 등으로 쓰입니다.

우리말은 음운적音韻的 한계가 있습니다. 괴도怪盜, 괘도掛圖, 궤도軌道처럼 'ㅚ' 'ㅙ' 'ㅞ'를 정확하게 구분하여 발음하기 어렵지요. 한국어를 배운 지 석 달쯤 된 외국인은 입을 오므리거나 옆으로 길게 늘여가며 애를 쓰며 읽을 겁니다.

여러분은 어떤가요? 한번 시험 삼아 읽어보시기 바랍니다. 아마 세 단어 모두 '괴도'쯤으로 발음하게 됩니다. 그리고 게시揭示와 개시開始처럼 'ㅔ'와 'ㅐ'도 정확하게 발음하지 않고요.

포털 사이트에 "현재와 현제 중 표준어는?"이라는 질문이 올라 있더군요. 놀랄 일이 아닙니다. 수년 전부터 리포트를 받으면 '현제'라고 쓴 학생이 드문드문 나오거든요. 처음에는 한 사람의 실수 정도로 생각했는데 해가 지나도 몇 번 반복되는 걸 보니, 아닌 것 같습니다. 헷갈리는 이가 생각보다 많을 수 있겠구나 싶었습니다.

'명예 훼손'도 마찬가지지요. 적지 않은 사람이 '명예 회손'이라 읽고 쓰더군요. 이것도 'ㅞ'와 'ㅚ'를 정확하게 읽기 어렵기 때문이 아닐까 합니다.

인터넷 댓글뿐 아니라 텔레비전 방송 자막에도 맞춤법이 틀린 경우가 꽤 많은데요, 대개 이러합니다.

- 게재揭載 → 개재
- 궤변詭辯 → 괴변
- 발췌拔萃 → 발체
- 부의賻儀 → 부이
- 부하負荷 → 부화
- 49재齋 → 49제
- 왜곡歪曲 → 외곡
- 제설除雪 → 재설
- 제재制裁 → 재제

- 제적除籍 → 재적
- 패물貝物 → 폐물
- 폐업廢業 → 패업

다시 한번 언급하지만, 한자 교육의 부재에서 비롯된 현상입니다. 현재의 '재'를 '在'로, 훼손의 '훼'를 '毁'로 익힌 사람은 '제'나 '회'로 쓸 리 없지요. 자신이 모르는 단어는 들었던 기억대로 쓰게 되기 마련입니다.

음운적 한계, 즉 말하는 사람이 모음母音을 정확하게 발음하지 않으니 생긴 문제입니다. 이러한 문제를 보완해주는 것이 바로 한자 교육입니다. 영어는 철자(spelling) 하나만 틀려도 어쩔 줄 모르면서 왜 한자는 마구 틀려도 부끄러워하지 않을까요? 너도나도 다 같이 몰라서 그런 걸까요……

# 그 이야기는
# 많은 사람의 **공감**을
# 불러일으켰어요

## 함께 **공共** 느낄 **감感**

공감共感은 남의 감정, 생각, 주장 따위에 대하여 자기도 그렇다고 느끼는 것입니다. 배려의 기본 조건이 바로 공감입니다. 상대방의 입장과 처지를 나의 관점에서 생각해보고 이해하려는 겁니다.

공共은 '함께' '모두'라는 뜻으로 공존共存 공용共用, 천인공노天人共怒(하늘과 사람이 함께 노한다)에 씁니다. 요즈음 많이 쓰는 공유경제共有經濟의 '공유'도 그런 예로 '함께[共] 소유[有]'한다는 의미입니다. 우리가 흔히 쓰는 자타공인自他共認(자기와 남이 함께 인정함)은 일본에서 만든 용어로 중국에서는 쓰지 않습니다.

앞서 한 번 언급한 글이지만 《논어》에 '기소불욕, 물시어
인己所不欲, 勿施於人(내가 하고 싶지 않은 것을 다른 사람에게 시키
지 말라)'이라는 공자의 말씀이 있습니다.

What you do not want done to yourself, do not do to
others. – James Legge

내가 자판기에서 커피를 가져오기 싫으면 다른 사람도 당
연히 싫다는 겁니다. 상대방의 입장이 되어 생각해보라는,
곧 '역지사지易地思之'하라는 의미입니다. 지위가 올라가면
갈수록 이 말씀을 잘 새겨 실행하면 훌륭한 직장 상사가 될
수 있습니다. 어느 신문사 인터뷰에서 시진핑은 어려서 아
버지[習仲勛, 전 국무원 부총리]로부터 귀에 못이 박이도록
들었던 말이라고 했습니다. 그럼에도 우리에게 하는 것을
보면 조기교육도 별 의미가 없는 것 같기도 합니다.

한때 우리 사회를 시끄럽게 했던 땅콩 사건, 운전기사 막
말 사건, 백화점 모녀 사건 등 이른바 '갑질'은 공감 능력이

없어서 벌인 추잡한 짓거리이지요. 돈과 권력이면 무슨 짓이든 할 수 있다는 천민자본주의 발상이기도 합니다. 그래서 학교교육뿐만 아니라 가정교육도 중요합니다. 아이들은 보고 들으며 크기 때문입니다.

심각한 사회 문제가 된 층간 소음도 그렇습니다. 아래층 사람을 조금도 배려하지 않고 자기의 편함과 이로움만 생각하니 갈등과 충돌이 벌어지는 것이지요. 위층에서 그랬으면 불같이 화를 내며 득달같이 올라갔을 겁니다. 나로 인해 혹시 다른 사람들이 불편함을 겪지 않을까, 하는 가장 기본적이고 상식적인 생각을 하면 될 일 아닌가요?

영조는 사도세자를 뒤주에서 죽게 한 비정한 아버지로 알려져 있습니다. 그 지경까지 갈 수밖에 없었던 사정은 굉장히 복잡합니다.

첫째, 영조는 천한 무수리를 어머니로 둔 콤플렉스 때문에 살아가면서 아무리 사소한 것일지라도 남에게 손가락질 받고 싶지 않았을 것이고 둘째, 그런 완벽을 추구하는 강박관념은 아들의 자그마한 잘못도 포용하지 못하고 계속 다그치며 상황을 복잡하게 몰고 갔을 것이며 셋째, 사도세자도 타고난 성품이 유약하니 아버지로부터 인정받지 못하는 마음의 상처가 병이 되어 마침내 광기에 이르게 되었을 것이고 넷째, 노론과 소론의 역학관계 속에서 왕권 강화와 왕위 정통성을 지키려는 정치적 입장 때문에 이미 똑똑한 손자 정조를 둔 영조는 아들 문제에 대해 넉넉함과 유연함을 잃었을 것입니다.

이유야 어찌 되었든 영조는 피눈물도 없는 비정한 아버지로 각인되었습니다. 그런데 《승정원일기》를 보면 과연 영조가 정말 피눈물도 없는 비정한 사람이었는지 의문이 듭니다.

내의원이 뜸을 뜨는 자리에서, 불에 달군 쇠붙이로 몸을 지지는 고문인 낙형烙刑을 없애라 명하였다.

_《승정원일기》 영조 9년(1733년 8월 22일)

하루는 영조가 뜸을 뜨다가 갑자기 낙형을 받았던 사람들을 떠올립니다. 뜸을 뜨는 것도 이렇게 견디기 힘든데, 아무리 죄인이지만 불로 달군 인두로 생살을 지지는 낙형을 받았던 사람들의 고통은 말로 다 형언할 수 없으리라는 생각이 번뜻 든 것입니다. 그 자리에서 바로 낙형을 없애라고 명을 하다니, 대단한 공감 능력입니다.

다음 해인 1734년 창덕궁에 어디선가 까치가 날아와 털 방석을 쪼았습니다. 영조는 "저 미물도 저것을 쪼아 둥지를 틀 줄 아는데 불쌍한 나의 백성들은 입지도 먹지도 못하고 의지할 데도 없이 길에 연이어 쓰러져 있구나" 하고 백성들이 안정된 생활을 할 수 있도록 전교傳敎를 내립니다. 까치의 행동을 보고 백성의 고통을 생각한 것입니다. 이 또한 대단한 공감 능력입니다. 이처럼 역지사지 그리고 공감 능력이 남다른 영조는 아들 사도세자가 뒤주에 있었던 칠 일 내내 똑같은 아픔을 느끼면서 괴로워했을 겁니다.

《한중록》에 사도세자가 죽은 후 며느리 혜경궁 홍씨와 정조 모자를 처음 대면한 영조는 혜경궁 홍씨의 손을 잡고 눈물을 흘리며 울었다는 내용이 있습니다. 인간적으로 심사가 복잡했을 겁니다.

그리고 한참 전인 1725년 영조는 '압슬형壓膝刑(사금파리를 깔고 그 위에 무릎을 꿇린 뒤 그 위에 무거운 돌을 얹는 형벌)'도 가혹한 형벌이라고 폐지시켰습니다. 어진 임금[聖君]이기 전에 한 인간으로서 마음 씀씀이가 따뜻하고 정이 넘칩니다. 이런 선한 성품을 지닌 사람이 아들을 죽이라는 끔찍한 명령을 내리고는 뒤주 안에서 서서히 죽어가는 아들을 생각하면서 인간적으로 얼마나 고통스러웠을까요? 똑같은 고통을 느끼며 피를 토하는 심정이었겠지요. 영조를 위한 변명을 해보았습니다. 인간적인 영조는 정치적인 영조와는 사뭇 다르다는 느낌을 받습니다. 도대체 정치가 뭔지…….

오래전 종례 시간에 다문화가정 학생들에게 "다문화 남아"라고 하여 물의를 일으킨 초등학교 교사가 있었습니다. 공감 능력이 모자라고 배려심이 부족한 탓이겠지요. 공감은 인간이 지녀야 할 소중한 덕목이라 생각합니다.

부탄은 세계에서 가장 가난한 나라지만 서로 배려하고 소통하면서 행복 지수가 세계 1위라고 합니다. 공감을 통해 서로 배려하면 주변이 행복해지고 그것을 보는 나도 행복해집니다. 행복은 결코 물질적인 풍요에서 오는 것이 아닙니다.

# 책을 마치며, 다시 만나보는 한자

## 1장

攝氏 당길 섭, 성 씨

洗淨 씻을 세, 깨끗할 정

洋襪 서양 양, 버선 말

龍鬚鐵 용 용, 수염 수, 쇠 철

gang牌 gang, 무리 패

寒波 찰 한, 파도 파

配慮 짝, 나눌 배, 생각할 려

葛藤 칡 갈, 등나무 등

所謂 바 소, 이를 위

不得已 아니 불, 얻을 득, 그만둘 이

銀行 은 은, 점포 행

背囊 등 배, 주머니 낭

胴衣 몸통 동, 옷 의

猖獗 미쳐 날뛸 창, 날뛸 궐

歐羅巴 토할 구, 비단 라, 땅이름 파

## 2장

辭職書 그만둘 사, 직책 직, 글 서

落張不入
떨어질 낙, 장 장, 아니 불, 들 입

莫逆 없을 막, 거스를 역

不汗黨 아니 불, 땀 한, 무리 당

似而非 같을 사, 말 이을 이, 아닐 비

享年 누릴 향, 나이 년

食怯 먹을 식, 겁낼 겁

玉童子 옥 옥, 아이 동, 아들 자

無蓋車 없을 무, 덮을 개, 수레 차

二人三脚
두 이, 사람 인, 석 삼, 다리 각

廉恥不顧
청렴할 염, 부끄러워할 치, 아니 불, 돌아볼 고

義兄弟 옳을 의, 형 형, 아우 제

晚餐 저녁 만, 음식 찬

出現 나올 출, 나타날 현

米國 쌀 미, 나라 국

## 3장

徒 手　맨 **도**, 손 **수**

不 朽　아니 **불**, 썩을 **후**

對 角 線　마주볼 **대**, 모 **각**, 줄 **선**

環 境　두를 **환**, 상황 **경**

金 字 塔　쇠 **금**, 글자 **자**, 탑 **탑**

自 然　저절로 **자**, 그러할 **연**

長 足　긴 **장**, 발 **족**

焦 眉　탈 **초**, 눈썹 **미**

褐 變　갈색 **갈**, 변할 **변**

基 底　터, 근본 **기**, 밑 **저**

米 飮　쌀 **미**, 마실 **음**

吾 鼻 三 尺

나 **오**, 코 **비**, 석 **삼**, 자 **척**

元 祖　으뜸 **원**, 조상 **조**

鹽 水 噴 射

소금 **염**, 물 **수**, 뿜을 **분**, 쏠 **사**

不 夜 城　아니 **불**, 밤 **야**, 성 **성**

夏 爐 冬 扇

여름 **하**, 화로 **로**, 겨울 **동**, 부채 **선**

## 4장

以 心 傳 心

써 **이**, 마음 **심**, 전할 **전**, 마음 **심**

琴 瑟　거문고 **금**, 큰 거문고 **슬**

百 年 佳 約

일백 **백**, 해 **년**, 아름다울 **가**, 약속 **약**

千 載 一 遇

일천 **천**, 해 **재**, 한 **일**, 만날 **우**

附 和 雷 同

붙을 **부**, 화할 **화**, 우레 **뢰**, 같을 **동**

瓦 解　기와 **와**, 흩어질 **해**

苦 衷　괴로울 **고**, 속마음 **충**

隻　하나, 배를 세는 단위 **척**

傍 若 無 人

곁 **방**, 같을 **약**, 없을 **무**, 사람 **인**

過猶不及

지나칠 **과**, 같을 **유**, 아니 **불**, 미칠 **급**

松茂柏悅

소나무 **송**, 무성할 **무**, 잣나무 **백**, 기뻐할 **열**

有耶無耶

있을 **유**, 어조사 **야**, 없을 **무**, 어조사 **야**

膝下

무릎 **슬**, 아래 **하**

過負荷

지나칠 **과**, 질 **부**, 짐 **하**

## 5장

輿望

많을 **여**, 바랄 **망**

白頭山

흰 **백**, 머리 **두**, 뫼 **산**

百聞不如一見

일백 **백**, 들을 **문**, 아니 **불**, 같을 **여**, 한 **일**, 볼 **견**

師表

스승 **사**, 본보기 **표**

學爲人師

배울 **학**, 될 **위**, 사람 **인**, 스승 **사**

高診善處

높을 **고**, 볼 **진**, 잘 **선**, 처리할 **처**

七顚八起

일곱 **칠**, 넘어질 **전**, 여덟 **팔**, 일어날 **기**

方舟

모 **방**, 배 **주**

更迭

바꿀 **경**, 갈마들 **질**

浮動票

뜰 **부**, 움직일 **동**, 표 **표**

可

가히 **가**

猶豫

오히려 **유**, 미리 **예**

經典

지날, 경서 **경**, 법 **전**

善行

착할 **선**, 행할 **행**

毁損

헐 **훼**, 상할 **손**

共感

함께 **공**, 느낄 **감**